珍藏本

纪念版

汉译世界学术名著丛书

论独一理智

驳阿维洛伊主义者

〔意〕托马斯·阿奎那 著

段德智 译

商务印书馆
SINCE 1897 The Commercial Press

2017年·北京

Sancti Thomae de Aquino

DE UNITATE INTELLECTUS CONTRA AVERROISTAS

S. Thomae Aquinatis, Opuscula Philosophica, ed. R. Spiazzi, Taurini 1954

* * *

Thomas Aquinas

On There Being Only One Intellect

Ralph McInerny, Aquinas Against Averroists: On There Being Only One Intellect, Lafayette: Purdue University Press, 1993

本书据《托马斯·阿奎那哲学著作集》1954 年都灵版和普渡大学出版社 1993 年版译出

汉译世界学术名著丛书
（120 年纪念版·珍藏本）
出 版 说 明

2017 年 2 月 11 日，商务印书馆迎来 120 岁的生日。120 年前，商务印书馆前贤怀揣文化救国的理想，抱持“昌明教育，开启民智”的使命，立足本土，放眼寰宇，以出版为津梁，沟通中西，为中国、为世界提供最富智慧的思想文化成果。无论世事白云苍狗，潮流左右激荡，甚至战火硝烟弥漫，始终践行学术报国之志，无改初心。

迻译世界各国学术名著，即其一端。早在 20 世纪初年便出版《原富》《天演论》等影响至今的代表性著作，1950 年代后更致力于外国哲学和社会科学经典的译介，及至 1980 年代，辑为“汉译世界学术名著丛书”，汇涓为流，蔚为大观。丛书自 1981 年开始出版，历时三十余年，迄今已推出七百种，是我国现代出版史上规模最大、最为重要的学术翻译工程。

丛书所选之书，立场观点不囿于一派，学科领域不限于一门，皆为文明开启以来，各时代、各国家、各民族的思想与文化精粹，代表着人类已经到达过的精神境界。丛书系统译介世界学术经典，

引　　言

[1] 所有的人，就本性而言，都是想要认识真理的；[*] 一旦有了 19
机会，他们也都想去避免和驳斥错误。既然我们为了认识真理和避免错误而获得了理智，则在理智方面犯错就是一件特别不适当的事情了。长期以来，一直广泛流传着起源于阿维洛伊著作中的关于理智问题的一种错误。他虽然试图主张亚里士多德称之为可能的东西，但是他却不适当地称之为物质的，断言理智是一种实体（substantiam），它脱离身体而独立存在，而不是作为身体的形式（forma）同身体结合在一起的；而且他还主张，这种可能理智（intellectus possibilis）对所有的人都只是一个（unus）。我们已经写过许多东西来驳斥他的这样一种观点，①但是，鉴于在这个问题上被人曲解了的东西一直持续不断地无耻地妨碍着真理，则我们的意图便在于再次写出这样一篇论文以决定性地驳倒它的方式来驳斥这种错误。

[2]现在，我们无需说明上述观点是由于与基督宗教的信仰相

---

* 亚里士多德：《形而上学》，I，1，980a22。每一节开头括号中的号码是基利（Keeler）所编的号码。该文本的这个版本自 1936 年出现以来提供了引文标准。——译者

① 例如，托马斯·阿奎那在《彼得·隆巴底〈箴言四书〉注》第 2 部第 17 卷问题 2 第 1 条、《反异教大全》第 2 卷第 59—70 章、《神学大全》第 1 集问题 75 第 1—2 条、《精神受造物问题争论集》第 2—9 条、《灵魂争论集》第 2—3 条中都曾驳斥过阿维洛伊的上述观点。

抵触而被称作错误的;冲突的严重性使得这一点对于任何一个人都是一目了然的。因为撇开人们理智的多样性不谈,唯有理智在灵魂的诸部分中是不可坏灭的和不朽的,而这就可以得出结论说:人的灵魂中除独一理智实体(unicam intellectus substantim)外,没有什么东西是在死后继续存在的;这样一来,奖惩及其差异也就因此而消失不见了。我们则试图表明:上述观点同哲学原理也是相对立的,而且,在每一点上都同与信仰学说的对立一样尖锐。在这个问题上,拉丁作家由于对一些人的情趣无知,他们便告诉我们,他们宁愿遵循逍遥派的话,虽然在逍遥派中他们只是看到过这一学派的奠基人亚里士多德的著作,然而,我们将首先说明,上述观点在每一个方面都是同亚里士多德的话和判断相抵触的。

第一章　亚里士多德关于可能理智的论述

［3］我们首先来考察一下亚里士多德在《论灵魂》第 2 卷中关于灵魂的第一个定义：“物质有机体的第一现实（actus primus）。”[①]由于在这个定义的前面有一个条件性陈述，即“我们倘若提供一个适用于各种灵魂的普遍公式（定义）”，[②]他们认为这意味着这件事是做不成的，为了避免一些人说这个定义并不能涵盖每一个灵魂，就必须对下面这句话作出解释。于是，他接着写道：“我们现在已经对‘何谓灵魂？’这个问题给出了一个具有普遍意义的答复。它是在对应于一件事物的理据（rationcm）的意义上才为实体的”；[③]这就是说，它是物质有机体的实体性形式（forma substantialis）。 21

［4］人们可能说到的随后的答复，理智部分是排除在这一定义的范围之外的。“由此看来，非常清楚，灵魂与它的身体是不可分离的，或者至少可以说，它的一些部分（如果它具有部分的话）是如此，因为它们中的一些活动正是这些部分本身的活动。然而，其中的一

① 亚里士多德：《论灵魂》，412b5。

② 亚里士多德：《论灵魂》，412b4。

③ 亚里士多德：《论灵魂》，412b8—12。

些却是可以与身体分离的，因为它们并非任何身体的活动”，[①]因为这些活动只能理解为那些适合于理智部分，亦即理智与意志的活动。由此看来，很清楚，在灵魂乃身体的现实这一灵魂的一般定义中，灵魂的一些部分乃身体的一些部分的现实，反之，另外一些则不是任何身体的现实。灵魂之为身体的现实是一回事，它的一部分现实是身体的现实又是一回事，正如下面我们对意志所作的证明一样。但是，在同一章里，他却表明：灵魂之为身体的现实，乃是因为它的各个部分中的一些是身体的现实：“我们必须把关于整体
23 说到的东西应用到各个部分上去”。[②]

[5]由此看来，甚至更为清楚的是，理智是为这个一般的定义所涵盖的。一旦灵魂从身体撤走，身体也就不再现实地活着，这样一个事实可以充分证明灵魂乃身体的现实。然而，一些事物由于某种并非形式的事物的在场，譬如说，由于一个推动者的在场而被说成是现实地存在，例如，当火临在的时候，燃料便现实地燃烧了，而运动的物体当推动者临在的时候，便现实地运动了。据此，人们便可能诧异身体之由于灵魂的在场而现实地活着，是否与运动物体由于推动者临在而运动是一回事，而与质料由于形式的临在而处于现实之中不同。这种怀疑能够满足柏拉图所说灵魂不是作为形式而毋宁是作为推动者或指导者同身体结合在一起的这样一种观点。这从普罗提诺和尼萨的格列高利的观点看是清楚的，我之所以提到他

① 亚里士多德：《论灵魂》，413a4—7。

② 亚里士多德：《论灵魂》，412b17。

们，乃是因为他们是希腊人而非拉丁人。哲学家回应了这种怀疑。他在前面引用了那段话之后，紧接着说道："再者，我们并不能在水手是船的现实的意义上来说明灵魂是否是其身体的现实"。[①]

[6]由于这种怀疑在他说出他的结论之后依然存在，所以，他强调说："这必定足以成为我们关于理智本性的概要(determinetur)或素描(describatur)"。但是，他却尚未非常清楚地说明这条真理。

所以，为了消除这种怀疑，他进而通过其本身虽然较少但是对于我们却更为确定的东西，也就是通过作为其现实性的灵魂的结果，来澄清那些其本身及其在定义方面都更为确定的东西。从而，他就立即区别了灵魂的各项工作。他说道："具有灵魂的东西与不具有灵魂的东西的区别就在于前者展现了生命"；[②]他还说道：生命有许多层次，这就是："理智，感觉，相对于场所的静止"，营养和生长运动；而凡其中能够找到这些层面之一者就被说成是有生命的。在解说了这些层面是如何相互关联的之后，也就是说，在解说了其中一个层次是如何在没有别的层次的情况下被发现的之后，他得出结论说，灵魂是所有这些层次的原则。这一方面是因为灵魂"被具体地解说成营养灵魂、感觉灵魂、理智灵魂和运动灵魂，作为它的部分"，[③]另一方面也是因为所有这些部分都能够在同一件事物之中，例如在人身上找到。

① 亚里士多德:《论灵魂》,413a8—10。

② 亚里士多德:《论灵魂》,413a21。

③ 亚里士多德:《论灵魂》,413b11—13。

27 [7]柏拉图认为，就这些种种不同的运作适合于人而言，在人身上是存在着多种多样的灵魂的。亚里士多德因此也就提出了“这些中的每一个”单独地看，究竟为“一个灵魂”抑或只是灵魂的一个部分的问题，如果它们是一个灵魂的诸多部分的话，则它们究竟仅仅是在定义上不同，还是在场所上亦即由于身体器官而有所不同。他还进而说道，“在一些运作方面”，要看到它们究竟如何，“是不太困难的”，但是，在别的一些方面却存在有一些引起怀疑的东西。[①] 他解释说，在这个问题上，营养灵魂和感觉灵魂方面的事情是很清楚的。因为一些植物和动物当被分开的时候能够继续存活下去，所有的运作都整个出现在每一个部分。当他补充说“关于心灵和思想能力，我们却没有任何证据”的时候，[②]他就点出了问题的症结所在。他这样说并不是打算说明理智不是灵魂，像评注家和他的信徒们所固执地解释的那样。因为他清楚地说过，这是为了回应他前面说过的话：“但是，却出现了一定的困难”。[③] 因此，对此应当做这样的理解，即对理智究竟是一个灵魂抑或是灵魂的一个部分，如果它是灵魂的一个部分，则它究竟是在场所上相独立（separata loco）的还是仅仅在定义方面（ratione）是独立的，至此尚不清楚。

29 [8]虽然他说这一点尚不清楚，但他还是藉补充说“它似乎是一完全不同种类的灵魂”而指出：乍一看，事情看来如此。这不应当被理解为评注家及其信徒所执意强调的那样：理智可以多义地

① 亚里士多德：《论灵魂》，413b13—26。

② 亚里士多德：《论灵魂》，413b24—25。

③ 亚里士多德：《论灵魂》，413b16。

称作灵魂，上述定义并不适合于它。[1] 对此究竟应当作出什么样的理解，从他接着说的看来是很清楚的："唯有它能够孤离于所有其他心理能力而存在，一如恒久的东西总是孤离于可坏灭的东西而存在一样"。[2] 所以，理智看来是某种恒久的东西，而灵魂的其他部分则是可朽坏的，在这一意义上，它是属于另一个种类的。而且，既然恒久的事物与可朽坏的事物似乎并不能够用来描述同一个实体，则显然只有灵魂的这个部分，即理智，才能够是独立存在(separari)的；但却真的不是像评注家所执意解释的那样，是脱离身体而存在的，而只是脱离灵魂的其他部分而存在，以免它们描述同一个实体，即灵魂。

[9]对此应当如何理解，从他所进而讲的话看是很清楚的，这就是："从这些评论中可以清楚看到，灵魂的其他部分是不可能独立存在的"。[3] 也就是说，从灵魂实体或场所上看，灵魂的其他部分是不可能独立存在的。当这一点在前面问及的时候，这个问题是从刚才说到的这些话得到解决的。然而，这并不能被理解为同身体的可分离性，而是应当被理解为各种能力相互之间的可分离性。这从他接着讲的话看来是很清楚的："它们作为理解的东西是可以藉定义区别开来的"，也就是相互区别开来的，这一点"是很清楚的；因为感觉和具有一种意见是不同的"。[4] 这

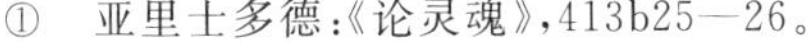

① 亚里士多德：《论灵魂》，413b25—26。
② 亚里士多德：《论灵魂》，413b26—27。
③ 亚里士多德：《论灵魂》，413b27—28。
④ 亚里士多德：《论灵魂》，413b29—30。

样，这里所说的显然是在回答前面当他询问灵魂的一个部分究竟是仅仅在理解活动中还是在场所上脱离其他部分这个问题时所提出的问题。在撇开有关理智问题（对此他在这里什么也没有确定）的情况下，他说这显然与灵魂的其他部分有关，灵魂的这些部分之可以分离，并不是就场所而言的，而是就它们在被理解时各各不同而言的。

31 [10]所以，在灵魂藉营养、感觉、理智和运动诸部分予以界定这一点确定下来之后，他接着试图表明：对于这些部分中的每一个，灵魂作为形式与身体相结合，是不同于水手与他驾驭的船的关系的。这样，先前仅仅作为草案规定下来的东西，现在成了确定无疑的东西了。他是藉灵魂以这种方式运作来证明这一点的：某件事物首先借以运作的东西乃在运作的事物的现实。例如，我们虽然被说成是既藉灵魂也藉科学（scientia）来认识的，但是，我们却首先是藉科学而不是藉灵魂来认识的，我们之所以说藉灵魂来认识只是就灵魂之具有科学知识而言的。同样，我们虽然被说成是治愈既是就身体而言也是就健康而言的，但是却首先是就健康而言的。因此，很清楚，科学乃灵魂的形式，而健康则是身体的形式。

[11]他还继续说道：在“灵魂是我们生存首先凭借的东西”这句话中所关涉的是营养灵魂；“我们感觉凭借的东西”所关涉的是感觉灵魂；“我们运动凭借的东西”所关涉的是运动灵魂；“我们理解凭借的东西”所关涉的则是理智。他由此得出结论说：“由此看

来,灵魂必定是一种理据(ratio)和种相(species),而非质料和主体”。[①] 所以,很显然,他在这里运用了上面所说的原理,亦即灵魂乃物质身体的现实,不仅对于感觉灵魂、营养灵魂和运动灵魂是这样,而且对于理智灵魂也是如此。所以,我们借以理解的东西是物质身体的形式才是亚里士多德的判断。如果有人说我们借以理解的东西在这里所意指的并不是可能理智,而是某种别的东西,这显然是亚里士多德在《论灵魂》第3卷中所说的观点所不容的。因为亚里士多德在那里在讲到可能理智时说:“我把理智称作灵魂借以思想和理解的东西”。[②]

[12]但是,在我们回到亚里士多德在《论灵魂》第3卷中所说 33
的这一观点之前,让我们继续考察他在该著作第2卷中所说的内容,以便使他的灵魂学说能够通过比较他的各种说法而变得明晰起来。因为在对一般灵魂定义之后,他便着手区别它的各种能力,说灵魂的各种能力有“营养能力、感觉能力、欲望能力、运动能力、理智能力”。[③] 显然,理智能力,从他后来在对这一分类的解释看,即是理智。因为他随后说:“在其他的动物中,还有思想能力和理智,例如,在人身上就是这样”。[④] 所以,他是主张理智是灵魂的一种能力(potentia),而灵魂则是身体的现实(actus)的。

[13]而且,从他的结论中也可以清楚地看出:他不仅把理智称

① 亚里士多德:《论灵魂》,414a12—14。

② 亚里士多德:《论灵魂》,429a23。

③ 亚里士多德:《论灵魂》,414a31—32。

④ 亚里士多德:《论灵魂》,414b18。

作灵魂的一种能力，而且，还认为前面所给出的灵魂的定义对前面说到的所有部分都是共同的："于是，这就明白了，灵魂是能够得到一个单一的定义的，就像图形能够得到一个单一的定义一样。因为就像离开了三角形以及从它而来的那些图形，就没有任何图形一样，在这里，除了刚刚列举的灵魂的诸形式外，也就根本不存在任何别的灵魂"。[①] 因此，我们不应当离开上面提到的那些东西去寻求任何灵魂，上面给出的灵魂的定义是共同的。亚里士多德在第 2 卷中除当他说"推理（ratiocinationem）和理智"是"最后的和稀少的"外，[②]并没有对理智说过任何更多的话，因为它们处于很少的事物之中，这一点后面将会讲清楚。

35 [14]由于在理智与想象的运作方式之间存在有很大的差别，他又接着说："对于思辨理智（speculatiuo intellectu），将另作别论"。[③] 这一探究他一直推迟到第 3 卷。而且，为了防止有人像阿维洛伊蓄意所做的那样，断定由于理智"既不是灵魂也不是灵魂的一部分"，[④]亚里士多德便说到要对思辨理智作出另外一种说明，

① 亚里士多德：《论灵魂》，414b19—22。

② 亚里士多德：《论灵魂》，415a7。

③ 亚里士多德：《论灵魂》，415a11—12。

④ 阿维洛伊：《〈论灵魂〉第 2 卷注》，评注 32（克劳福德版），178.34—35。第 2 卷以 424b18 结束，而第 3 卷却以 424b22 开始，这里显然漏掉了几行。托马斯《〈论灵魂〉注》的玛利艾提（Marietti）版本按照各卷的这种划分分配了各卷。更新的利奥（Leonine）版本澄清了托马斯曾经使用过的文本的第 2 卷是以 429a8 结束的。他在这里想使文本这样划分：第 3 卷的第 4 章，托马斯的第 3 卷是从这里开始的，讨论理智问题。这也是阿拉布斯（the Arabs）划分第 2 卷和第 3 卷的方式。基利，或许受玛利艾提的误导，并未意识到托马斯和阿拉布斯划分各卷的方式是一致的，而推测托马斯在这里是沿袭这种划分，致使他的文本的要点更容易为他的论敌所探明。

在第3卷中，亚里士多德开门见山地直接拒绝了这种看法。在那里，他重新提出理智这一话题，而说到"关于灵魂借以认识和理解的这一部分"。[①] 任何人也不应当认为这种说法仅仅是就针对能动理智（intellectum agentem）的可能理智（intellectum possibilcm）而言的，就像有些人海阔天空地想象的那样，因为这一说法是在亚里士多德证明存在有一个被动理智和能动理智之前做出来的。因此，在这里，所谓理智他所意指的是那个总的部分，是既包含能动理智也包含可能理智的。早在第2卷中，他就同样非常明确地将理智同灵魂的其他部分区别了开来，这一点我们在前面就已经指出来了。

[15]应当注意到亚里士多德对这一问题的超常的关心和精心部署，在第3卷一开始就讨论了在第2卷中存而不论的理智问题。这里有两个问题。首先，是理智之独立于灵魂的其他部分究竟是仅仅作为被理解的东西而言的呢，抑或还存在于场所之中呢？当他说"关于思想或反思能力，我们迄今尚不明了"时，[②]他实际上对此还是悬而未决的。首先，当他说"这可以与其他部分相分离"，也就是说，可以与灵魂的其他部分相分离，"究竟是仅仅在定义上如此呢，抑或在空间上也如此呢"的时候，[③]他便再次提出了这个问题。在这里，所谓"在空间上可分离(separabile secundun magnitudinem)"所意指的与前面所说的"在场所上可分离(separabile loco)"是一回事。

① 亚里士多德:《论灵魂》,429a10—11。

② 亚里士多德:《论灵魂》,413b24—25。

③ 亚里士多德:《论灵魂》,429a11—12。

37 [16]其次，当他后来说“理智提出了一个不同的问题”时，他就将理智区别于灵魂其他部分的问题搁置起来未予回答，然而，当他说“思辨理智（speculatiuo intellectu）提出了一种不同的问题”时，[1]他也就在着手探究这一问题了。他试图以下述方式来表达这种差异：它与所提到的两种可能性都是相容的。这也就是说，一如这种言说方式所充分表明的那样，不管灵魂在广延上或在场所方面是否区别于其他部分，事情都是如此。因为他说过，我们应当考察理智与灵魂其他部分之间的差异究竟何在；不管理智究竟是在大小或场所方面，亦即在主体方面可与之相分离，还是仅仅在理解活动方面可与之相分离，都是如此。因此，很清楚，他并不打算把这种差别归于它是一个脱离身体而独立存在的实体，因为这同前面所讲的是不相容的。毋宁说，他是把这种差别归因于运作的方式的。因此，他又补充说：“……以及思想是如何发生的”。[2] 所以，从我们所了解的亚里士多德关于这一点所说的话看来，他是明确地主张理智是灵魂的一部分，而灵魂乃物质身体的现实的。

[17]但是，由于随后的一些话，阿维洛伊希望把亚里士多德的意图说成是理智并不是作为身体现实的灵魂，也不是这样一种灵魂的一个部分，我们也就必须更为仔细地考察亚里士多德接下去所说的话。在他提出关于理智与感觉的差别这一问题之后，他即刻提出了理智在什么方面像感觉以及它们两者是如何不同的问

① 亚里士多德：《论灵魂》，415a11—12。

② 亚里士多德：《论灵魂》，429a13。

题。早些时候，关于感觉他确定了两样东西，这就是：感觉对于感性对象来说是处于潜在状态的，以及感觉为过分的感性对象所影响和损害。亚里士多德说："如果思想活动与知觉活动一样，那就必定或者是一个过程，而在这一过程中，灵魂是受到能够被思想的东西的作用的"，[①]在这种方式下，理智就将为某种过分可理解的东西(excelenti intelligibili)所损害，就像感觉为过分的感性对象所损害一样，"或者，是一个与之虽然不同但是却与之类似的过程。"也就是说，理解活动虽然同感觉活动有某种类似，但是在这方面却是不同的，因为它并不会受到影响。

［18］他立即回答了这一问题，他不是从先前诉诸的东西而是 39
从随后推出的东西，然而却是由先前诉诸的东西得到澄明的，他的结论是：灵魂的这一部分"必定是受不到伤害的"，[②]以至于它不会像感觉那样受到伤害。然而，却存在有受到作用的另外一种方式，这种方式是以理解活动为特征的，按照这种方式，它能够被说成是在这一概念的一般意义上受到伤害。因此，正是在这一点上，它区别于感觉。他还进而表明它与感觉相似的维度，这就是：灵魂的这一部分是必定能够"接受对象的可理解形式的"，[③]诚然，这种可理解的形式是处于潜在状态之中的，而非现实地即是可理解的形式；而在前面，感觉也是被说成是潜在地而非现实地是可感觉到的东西。他由此得出结论说："思想必定相关于可思想的东西，一如感

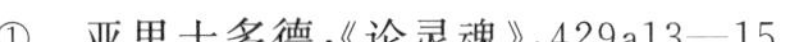

① 亚里士多德：《论灵魂》，429a13—15。

② 亚里士多德：《论灵魂》，429a15。

③ 亚里士多德：《论灵魂》，429a15—16。

觉总是相关于可感觉到的东西一样”。[1]

[19]他由此得出了拒绝恩培多克勒以及其他一些古代思想家的意见的结论。这些古代思想家们认为认知者具有所知对象的本性,仿佛我们是由土而认识土,由水而认识水似的。亚里士多德在较早些时候就已经说明这并不是真的具有感觉,因为感觉能力是潜在地而非现实地是它所感觉的事物,关于理智他在这儿也说了同样的话。[2]

然而,在感觉和理智之间却存在有差异,感觉是不可能认识一切的,因为视觉只认识颜色,听觉只认识声音,其他的感觉也是如此,反之,理智却能够认识无论什么样的所有事物。那些认为认知者必定具有所知对象的本性的古代哲学家们说:灵魂为了认识一切,所有事物的原则就必定是混合在其中的。[3] 亚里士多德在藉与感觉的类比证明了理智并非现实地而是潜在地是它所认识的对象之后,却得出了相反的结论,这就是:“理智,由于它认识一切事物,也就必定是不掺杂任何东西的”;也就是说,它并不是像恩培多克勒所主张的那样,是由所有的事物组合而成的。

41 [20]为了支持这一观点,他诉诸阿那克萨哥拉的证明,[4]然而,阿那克萨哥拉所讲的却不是同一个理智,而毋宁是推动所有事

① 亚里士多德:《论灵魂》,429a16—18。

② 亚里士多德:《论灵魂》,404a8—405b30。

③ 参阅亚里士多德:《论灵魂》,405b10—17。

④ 亚里士多德:《论灵魂》,429a19。

物的理智。阿那克萨哥拉之所以说后一种理智是纯粹的，乃是为了表明它可以藉推动活动和分离活动来命令万物。他关于这一点的随后的证明是在希腊文本中发现的："因为异于它的本性的东西的共在是一种障碍和阻断"。[①] 这一点从所见的类似的东西是可以理解的，因为如果在瞳孔中有某种内在的颜色的话，这种内在的颜色就会妨碍外在的颜色被看到，就会妨碍眼睛看到别的东西。

[21]同样，如果理智所认识的事物的本性之一，例如土或水，热或冷，或者某个这样一类的事物，是内在于理智的，则这种内在的本性就会妨碍理智，在一定程度上妨碍它认识别的事物。

因为理智能认识所有的事物，所以，他得出结论说："它除了具有某种接受能力之外，根本没有属于它自己的任何本性"。[②] 这就是说，它自己的本性即在于潜在地是它所理解的那些事物；但是，只有当其现实地认识它们的时候，它才现实地变成了它们，正如现实的感觉现实地成为可感觉的事物那样，这一点我们在前面第2卷中就已经说过了。所以，他得出结论说：理智，在其现实地理解之前，"并不是现实地为任何实在的事物"，[③]这是同古代哲学家所说的相对立的，因为古代哲学家认为理智现实地即是所有的事物。

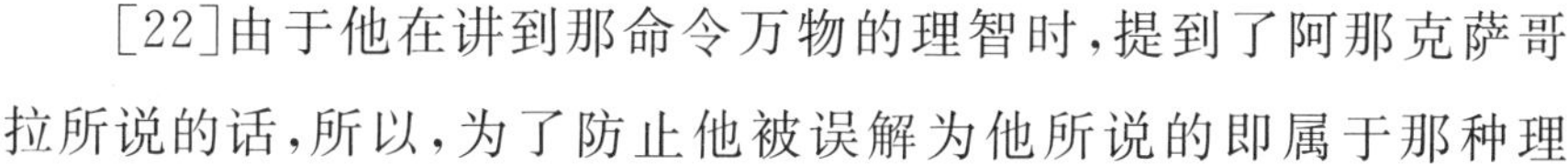

[22]由于他在讲到那命令万物的理智时，提到了阿那克萨哥拉所说的话，所以，为了防止他被误解为他所说的即属于那种理

① 亚里士多德：《论灵魂》，429a20。

② 亚里士多德：《论灵魂》，429a21—22。

③ 亚里士多德：《论灵魂》，429a24。

智，他便使用了这样一种说法："在灵魂中被称作理智的东西（所谓理智，我所意指的是灵魂借以思想和判断的东西），在它思想之先，并非现实地为任何实在的事物……"。[①] 从这一点看有两样东西是非常清楚的：首先，他在这里所讲的并不是那种作为独立实体（substantia separata）的理智，而是他早些时候称作能力或作为灵魂借以理解的灵魂之一部分的理智；其次，他由前面所说的来证明理智并非现实地具有任何本性。

43 ［23］然而，他却尚未证明出理智并非身体中的一种能力，一如阿维洛伊所说的那样，而是直接由前面所说的得出结论："由于这层理由，它并不能合理地被看作是同身体交融在一起的"。[②] 他由第一条结论得出了第二条结论，这在前面已经证明了，即理智并不现实地具有感性事物的任何本性。然而，由此我们又可得出结论说，它并不是同身体交融在一起的，因为如果它是同身体交融在一起的话，它就会具有一些有形体的本性。而这正是他接着要说的："如果这样的话，它就会获得某种性质，譬如暖或冷，甚至会获得具有感觉能力一类的器官"。[③] 感觉是对应于它的器官的，而且就本性而言在一定程度上也是类似的。因此，既然感觉器官是不可改变的，从而，感觉的运作也就不可改变（immutatur）了。因此，"不同身体相交融"这一短语就应当被理解为：理智并不是像感觉那样具有一种身体器官。

① 亚里士多德：《论灵魂》，429a22—24。

② 亚里士多德：《论灵魂》，429a25。

③ 亚里士多德：《论灵魂》，429a25—27。

[24]而且，他是通过另外一些人的说法来推证出灵魂的理智不具有任何器官的；这些人说“灵魂是形式的场所”，[①]又把场所广泛地理解为柏拉图意义上的任何接受者；但是，除非作为形式场所的东西并不真的属于整体，而是仅仅属于理智，事情才会如此。因为感觉部分并不将种相接受进自身之中，而是接受进身体器官之中。反之，理智部分却不是将它们接受进身体器官之中，而是接受进自身之中。再者，它也并不是现实地具有它们的形式的场所的，而仅仅是潜在地具有它们的。

既然他现在已经由理智与感觉的类似性而证明了属于理智的东西，他就回到他最初所说的，“理智部分是必定受不到伤害的”；[②]这样，他就绝妙地由理智与感觉的类似性演绎出其同感觉的非类似性，进而表明“感觉与理智不可能受到伤害的方式是不同的”，[③]因为感觉是为过分的感性对象所伤害，而理智却不可能为过分的可理解的对象所伤害。他所提出的其所以如此的理由是前面已经证明了的东西，这就是：“其理由在于：感觉能力依赖于身体，而理智却是可以与身体相分离的。”

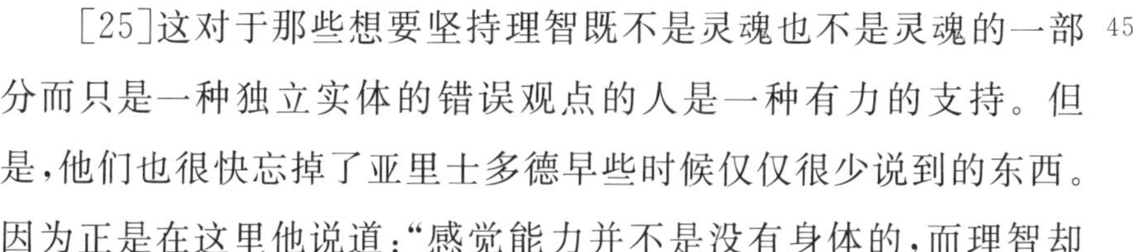

[25]这对于那些想要坚持理智既不是灵魂也不是灵魂的一部 45
分而只是一种独立实体的错误观点的人是一种有力的支持。但是，他们也很快忘掉了亚里士多德早些时候仅仅很少说到的东西。因为正是在这里他说道：“感觉能力并不是没有身体的，而理智却

① 亚里士多德：《论灵魂》，429a27—29。

② 亚里士多德：《论灵魂》，429a15。

③ 亚里士多德：《论灵魂》，429a29—b5。

是独立(separatus)的”;所以,他说道:如果完全像感觉能力那样,理智就将“获得某种性质,如暖或冷,甚至像感觉能力一样也具有器官”。[1] 所以,这也正是他之所以说感觉能力并不是没有身体的,但理智却是独立的理由,因为感觉具有身体器官,但是理智却是没有身体器官的。

[26]所以,很明显,就亚里士多德的文本而言,毫无疑问,他的观点非常清楚,这就是:可能理智属于作为身体的形式的灵魂,正因为如此,灵魂的理智是没有任何身体器官的,但灵魂的别的能力却确实是具有身体器官的。

[27]要理解灵魂何以能够成为身体的形式然而灵魂的能力却不能成为身体的能力,是并不困难的,只要我们考虑到一些别的事物就行了。因为在许多事物中,我们都能看到,形式虽然实际上是具有混合元素的身体的现实,然而却具有一种能力,这种能力并不是任何元素的能力,而是属于那种形式的能力,这是由于一项更为高级的原则,亦即天体的缘故。例如,磁石就具有吸引的能力,而碧玉就具有凝血的能力。而且,我们马上就会看到,就形式更其尊贵而言,它们就具有多得多的超出物质的能力。因此,终极形式,人的灵魂,所具有的能力,亦即理智,是完全超出有形物质的。于是,理智就会是独立的,因为它并不是存在于身体之中而是存在于灵魂之中的一种能力,而灵魂乃身体的现实。

---

① 亚里士多德:《论灵魂》,429a25—26。

[28]然而,我们也不能说,理智存在于其中的灵魂,超出有形 47
物质的程度高到它竟不存在于身体之中的地步,而毋宁说理智,虽然亚里士多德称之为灵魂的一种能力,但是,却并非身体的现实。因为灵魂并不是通过它的能力的中介而是通过它自身,成为身体的现实,并且把身体的特殊存在赋予身体的。它的能力中虽然有些是身体的一些部分的现实,使它们完满化达到一定的运作,但是理智及这种能力却并不是任何身体的现实,因为它的运作并不是藉身体器官发生的。

[29]为了防止任何人误解,似乎我们给出的只是我们自己的 49
一种解释,而非亚里士多德的意思,引证亚里士多德明确陈述这种观点的语录就非常必要了。因为在《物理学》第2卷中,他提出了“在什么程度上认识种相(speciem)和其所是(quod quid est)是必要的”问题,①因为考察每一种形式并非自然哲学家的任务。在解答这一问题时,亚里士多德说道:“在医生必须认识肌腱,铁匠必须认识青铜的程度上”,也就是说,在一定程度上。至于所要达到的程度,他接着说明道:“直到他理解每一个的原因”,这就好像说,医生是就其相关于健康而言考察肌腱的,而工匠则是为了制作工艺品而考察青铜的。而且,由于自然哲学家是就其存在于物质之中来考察形式的,因为这才是活动物体的形式,所以,对自然主义者也应当作这样的理解,即他们之考察形式也是就其存在于物质之中而言的。

① 亚里士多德:《物理学》,II,4,194b9—12。

[30]物理学家考察形式的终极目标是那种在一定意义上存在于质料之中而在另一种意义上又不存在于质料之中的形式。因为这些形式处于物质形式和独立形式的边界。因此，他接下去说："关于这些"，亦即那些自然哲学家的考察以为终极目标的形式，"虽然是独立的但是却不是脱离质料而存在的。"[①]他继续说明这些形式之所是："因为人是由人产生出来的，也是由太阳产生出来的。"所以，人的形式，既存在于质料之中，也是独立的：说它处于质料之中，乃是就它赋予物体以存在而言的，因为这样一来它就成了产生的结果；然而，说它是独立的，则是由于人所特有的那种能力，亦即理智的缘故。所以，形式存在于质料之中然而其能力却又是独立的并非是不可能的，这一点就理智而言是非常清楚的。

51 [31]然而，还存在另外一种方式，他们用来表明亚里士多德教导说，理智既不是灵魂，也不是作为身体的形式与身体结合在一起的灵魂的一部分。因为亚里士多德在多处说过理智是永恒的和不可朽坏的，这一点在《论灵魂》第2卷中说得的确是很清楚的。亚里士多德在其中说道："永恒的东西是区别于可朽坏的东西的；唯有永恒的东西才是能够独立存在的"。[②] 而在第1卷中，他还说道：理智似乎是一种"不可能遭到破坏"的实体。[③] 此外，在第3卷中，他还说道："唯有在这种情况下才是真正独立的；唯有它才是不朽的和

① 亚里士多德：《物理学》，II，4，194b12—13。
② 亚里士多德：《论灵魂》，413b26—27。
③ 亚里士多德：《论灵魂》，408b17—18。

永恒的”，虽然一些人最后把亚里士多德的这一说法理解成不是关于可能理智的，而是关于能动理智的。由所有这些文本可以清楚地看出，亚里士多德的意思是：理智是某种不可朽坏的东西。

[32]然而，似乎没有任何不可朽坏的东西能够成为可朽坏的形体的形式的。形式之存在于质料之中并不是偶然的，而是就其本身而论即属于它的，否则，由质料和形式组合而成的东西之为一个事物就是一件偶然的事情了。但是，任何事物都是不可能在没有属于它本身的东西的情况下而存在的。所以，身体的形式是不可能没有身体而存在的。因此，如果身体是可朽坏的，则脱离质料而存在的形式与存在于质料之中的形式就不可能是同一个种类的，《形而上学》第 7 卷中就已经对这一点证明过了。[1] 号数上为一个事物的形式就更其不可能时而存在于身体之中时而又离开身体而存在。所以，随着身体的毁坏，身体的形式或者也跟着毁坏，或者它转移到另一个身体之中。因此，如果理智是身体的形式，那就势必会得出理智是可朽坏的结论来。

[33]应当注意的是，这一证明令很多人信服：尼撒的格列高利 53
在证明相反的论点时，把亚里士多德理解成在教导灵魂是可朽坏

① 亚里士多德：《形而上学》，VII，11，1036b22—24；1037a1—2；16，1041b28—104a14。高斯尔（Gauthier）认为《形而上学》第 7 卷第 10 章 1058b26—29 把这一观点表述得更其明白。其实，这是一个匿名的阿维洛伊主义者所诉诸的文本（《〈论灵魂〉注》，II，问题 4，答异议 5，载《亚里士多德〈论灵魂〉三个匿名评注家》，G. 吉勒（Giele）编，卢汶：卢汶大学出版社，1971 年）。

的，因为他使灵魂成了一种形式。一些人因此而主张灵魂是从一个身体轮回到另一个身体的。别的人则主张灵魂具有某个它永远都不会离开的不可朽坏的身体。所以，必须用亚里士多德的原话表明，他主张理智灵魂是形式，然而，他同时又认为它是不可朽坏的。

[34]在《形而上学》第 11 卷中，他说明形式不可能先于它们的质料存在，因为“当人受到治疗时健康方才存在，而青铜的形状与青铜之成形也是同时的”，此后，他因此而问到是否任何一种形式都是在失去质料后而依然存在的。[①] 在波爱修斯的译本中，被说成是“是否此后”，亦即在失去质料之后，“有任何东西依然存在”，“因为没有什么东西是以这样一种方式存在于某些事物之中的，仿佛灵魂是这样一类事物似的，不是整个灵魂而仅仅是理智，或许从它们整体看来是不可能的。”所以，他明确地说的是，由于它的理智部分的缘故，没有什么东西能够阻止作为形式的灵魂在失去身体之后继续存在，尽管灵魂也不能先于身体而存在。因为当他绝对地说运动的原因是在先的，而不是形式的原因是在先的时候，他并不是在问是否任何一种形式都是先于质料的，而且，他还说道：在形式为相关于理智部分的灵魂的情况下，是没有什么东西能够阻止事情成为这样的。

55 [35]因此，当根据亚里士多德的前面的话，作为灵魂的形式在失去身体之后，不是整个灵魂而只是理智，依然存在的时候，我们

① 参阅亚里士多德：《形而上学》，XII，1，1069a21—22。

也就必须问灵魂在失去身体之后依然存在的何以只是相关于它的理智部分而非它的其他部分，以及其他的形式何以在失去它们的质料之后而不可能持续存在。其理由在亚里士多德的文本中是不难发现的。亚里士多德说道："只有在这种情况下才是真正独立的，唯有它才是不朽的和永恒的"。[①] 这样，他所给出的唯有它似乎是不朽的和永恒的理由便在于唯有它才是独立的。

[36]但是，他在这里所讲的内容中也存在着一个问题，因为一些人说他所意指的是可能理智，而另外一些人则说他所意指的是能动理智。但是，当亚里士多德说它们两者都是独立的。这一点从亚里士多德的下面这句话看来是非常清楚的，这就是：被说成是独立的东西是整个理智部分（tota intellectiua parte），因为它是没有任何器官的。

[37]在《论灵魂》的开始处，亚里士多德说道："如果有任何作 57
用与被作用的方式专门属于灵魂的话，灵魂也就将能够独立存在了"。[②] 关于这一结论的理由在于：既然任何事物都是按照它所是的那类存在而活动的，则活动性之属于任何事物就同它的存在方式没有什么两样。所以，形式，如果不分有它们的质料就不可能有任何活动，则它们就不可能自行运作，而只能是复合体藉着形式而运作。因此，这种形式不可能自行存在，而只能是某种事物由于它

① 亚里士多德：《论灵魂》，430a22—23。

② 亚里士多德：《论灵魂》，403a10—12。

们而存在。温度是不可能暖和的,而毋宁说是热的事物暖和。同样,温度严格地讲也不可能存在,而是事物由于有温度而暖和。因此,亚里士多德在《形而上学》第 11 卷中说:人们并不能真实地讲到作为存在者的偶性,毋宁说它们是“属于”存在者的。[①]

[38]同样的推理也适合于实体的形式,这种形式如果质料不参与其中就不可能具有任何运作,除非这样的形式实体性地是存在的原则。所以,一种形式,如果是由于其具有了它的质料并不参与其中的一种能力或官能而具有一种活动,它就能够自行地具有存在。它并不是像其他形式那样,仅仅是由于复合物的存在才存在的;而毋宁说复合物是由于它之存在才得以存在的。所以,如果复合物受到了破坏,由于复合物的存在而存在的形式便随之遭到破坏;反之,那种复合物通过其存在才得以存在的形式,而不是相反,当复合物遭到破坏的时候,就无需受到破坏。

59 [39]亚里士多德在《论灵魂》第 1 卷中曾经说过:“思想、爱和恨实际上并非心灵的属性,而是具有心灵的人的属性,这是就人具有心灵而言的。这也就是为什么这种装置腐朽的时候,记忆和爱也就不复存在了。它们并不是心灵的活动,而是已经腐朽的那个复合物的活动”。[②] 他的这段话就是针对上述观点而说的。从德米斯提的立场看,这一答案是很清楚的。德米斯提在解释这段文

① 参阅亚里士多德:《形而上学》,XII,1,1069a21—22。

② 亚里士多德:《论灵魂》,408b25—29。

本的时候说：亚里士多德“现在所持的怀疑态度比一个教师为甚。”因为他尚未批驳那些说理智与感觉没有什么不同的人们的意见。

[40]因此，在这一整章中，他之言说理智的方式与言说感觉的方式是始终如一的。这在他运用感觉的例证来证明理智是不可朽坏时是特别明显的，它是不会因为年纪的增大而受到损害的。因此，他始终是有条件地和不确定地讲，就像一个探寻者一样，始终将理智和感觉合并在一起讲。这是特别明显的，因为在解答问题的开始阶段，他就说：“我们可以充分地承认，感到痛苦、高兴或思想活动都是运动”。[①] 如果任何一个人固执地坚持亚里士多德在这里讲得很确定，另一种答案也就依然存在。理解之被说成是复合物的活动，不是从本质的角度讲的，而是从偶性角度讲的，是就它的对象，即心像(fantasma)处于身体器官之中而言的，而不是因为这种活动是藉身体器官而实施的缘故。

[41]一个更进一步的问题也可能被问及，这就是：如果理智没 61
有心像就不能够理解，则灵魂在其脱离开身体之后，何以能够具有理智的运作？提问者应当知道，解决这一问题并非自然哲学家的任务。这也就是为什么亚里士多德在《物理学》第 2 卷中当讲到这个问题的时候，写道：“解决它是如何可以独立的以及它之所是乃第一哲学的职责。”[②]因为应当看到，灵魂，当其脱离身体而存在的

① 亚里士多德：《论灵魂》，408b5—6。

② 亚里士多德：《物理学》，II，4，194b14—15。

时候，与其同身体结合在一起的时候相比，是具有一种不同的理解方式的；在这种情况下，它的理解方式同独立实体的理解方式是非常类似的。因此，亚里士多德在《论灵魂》第3卷中说："理智在其并不脱离空间条件而存在的情况下是否能够思想任何独立的事物，对于这个问题我们必须留到后面讨论"。[①] 这就意味着：它在脱离身体的状态下，是能够理解某种它在不脱离身体的状态下不可能理解的事物的。

[42]在这些话中特别值得注意的是，当他早些时候说两种理智，亦即可能理智和能动理智，是独立的时候，他在这里所说的其实是理智并不是独立的。因为理智之独立是就它不是一种器官的现实而言的，而且它也是不能独立的，因为它是灵魂的一种能力，而灵魂才是身体的现实，这一点已如上述。亚里士多德对这样一些问题的解决是可以从他在《形而上学》第12卷的开始部分在讨论独立实体时所说的话中更确定地得到的，[②]《形而上学》中的前10卷我已经阅读过，虽然它们还不曾翻译成我们的语言。

63 [43]所以，在获得了这一点之后，很清楚，对于反面的观点没有任何必然的证明。因为灵魂之同身体的结合对于灵魂是必不可少的，而这之偶然受到妨碍也并不是由于它的责任，而是由于有朽的身体的责任。同样，它本身适合于来自上面的光的照耀。"这正

① 亚里士多德：《论灵魂》，431b17—19。

② 参阅亚里士多德：《形而上学》，XIII，1，1076 a10—13。

是来自上面的光的照耀的本质"，一如亚里士多德在《物理学》第8卷中所说的那样，"但是，它却能够通过并非来自上面的东西的妨碍而发生。"①

对于第二个证明的回答从这方面看便很清楚了。尽管其本性来自上面的东西与其本性并非来自上面的东西之间存在有特别的差异，但是来自上面的事物的本性，虽然由于某种障碍有时存在有时又不存在，却特别地和在号数上是同一种本性。同样，一种同身体相结合之构成其本性的形式却特别地不同于那种不同身体相结合构成其本性的形式，然而，一种特别地和在号数上同一的形式，其本性却能够与身体相结合，虽然，由于某种障碍它有时现实地存在有时又现实地不存在。

[44]然而，他们却在亚里士多德在《论动物的产生》一书中所说的话中寻找这种错误的另一种基础，这就是："理智只能来自外部，而且唯独它是神圣的。"②但是，没有任何一种作为质料的现实的形式能够从外部达到它，而毋宁是从质料的潜能中演绎出来的。所以，理智并不是身体的形式。

他们也反对每一种作为混合身体的形式都是由各种元素产生出来的。因此，如果理智是人的身体的形式它就不可能由某种别的东西产生出来，而只能由各种元素产生出来。

他们还进而根据这一理由加以反对，他们说，如果这样，那就

① 亚里士多德：《物理学》，VIII，8，255b15—16、19—20。

② 亚里士多德：《论动物的产生》，II，3，736b27—28。

会得出结论说：营养灵魂和感觉灵魂也会从别的事物中产生出来，而这是同亚里士多德相矛盾的。当存在有一个灵魂的时候，这一点就将特别地真实，就实体方面言，它是一，然而，它却有营养能力，感觉能力和理智能力。但是，按照亚里士多德的观点，理智能力却是来自外部的。

65 [45]对这些困难的解决办法是很容易从前面所讲的内容中产生出来的。因为当说每一种形式都是从质料的潜能产生出来的时候，所意指的东西似乎应当得到理解。因为如果这只是质料潜在地先于形式而存在，就没有什么东西能够妨碍我们说有形质料潜在地先于理智灵魂。因此，亚里士多德在《论动物的产生》中说："因为一开始所有这样的胚胎似乎都过着植物的生活。我们在讲到能动的、感觉的和理性的灵魂时也就必定受到这种观点的指导。因为所有这三种灵魂都是在它们被现实地具有之前而被潜在地具有的。"①

[46]由于潜在(potentia)与现实(actum)相对相关，一件事物就必定在属于它的作为现实的同一个方面处于潜在状态。已经表明：不包含质料的没有任何活动的别的形式都是复合物借以存在的东西，而它们本身似乎也可以说是与复合物共同存在，而并非有它们自己的存在。因此，正如它们的整个存在是同质料结合在一起的，它们也就被说成是整个地从质料的潜在性中产生出来的。然而，这种理智灵魂既然在没有身体的情况下也能运作，也就并非

① 亚里士多德：《论动物的产生》，II，3，736b12—15。

只有同质料结合在一起才能够存在。因此，它不能被说成是由质料演绎出来的，而毋宁说是由外在的原则演绎出来的。这显然出自亚里士多德的话："因此，只有理性是这样单独地进入的，单独地是神圣的"，而当他进而说"任何身体活动同它的活动都没有任何关联"的时候，他便对此作出了解释。[①]

[47]我觉得诧异，这第二种反对意见，即如果理智灵魂是混合 67
身体的形式，它就会是由各种元素的混合产生出来的，究竟是由何处产生出来的。因为没有任何一个灵魂是由元素的混合产生出来的。正是在引用的这些话之后，我们读到："灵魂的所有种类的能力都确实似乎同质料具有一种联系，这种质料不同于各种所谓的元素并且比后者更其神圣些。但是，正如一个灵魂在高低等级方面不同于另一个灵魂，相应质料的本性也相互不同。一切在其胚胎中具有产生它的东西都是生产性的；我所意指的是被称作生命热量的东西。这并不是火也不是这样一类的力量，而是包括在胚胎中的呼吸以及呼吸中泡沫一类的东西及自然原则，类似于星辰的安排。"[②]所以，甚至营养灵魂，更不要说理智，都不是从元素的混合中产生出来的。

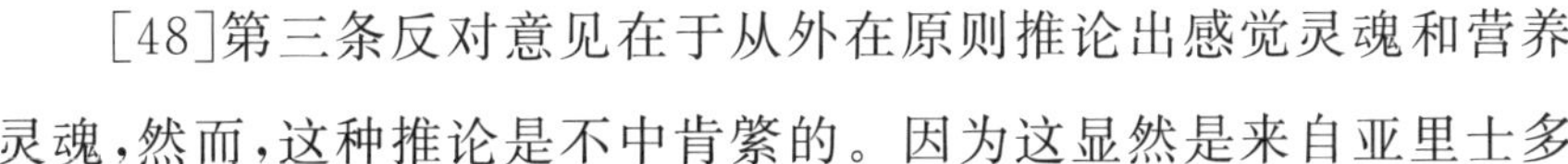

[48]第三条反对意见在于从外在原则推论出感觉灵魂和营养灵魂，然而，这种推论是不中肯綮的。因为这显然是来自亚里士多

① 亚里士多德：《论动物的产生》，II，3，736b27—29。
② 亚里士多德：《论动物的产生》，II，3，736b29—737a1。

德的话，但他却对理智之不同于灵魂的其他部分究竟是像柏拉图所说的是在主体和场所方面还是仅仅在定义方面存而不论。即使它们在主体方面是同一的，这一点似乎更其真实，也依然得不出什么荒谬的东西。因为亚里士多德在《论灵魂》第2卷中说过："图像和灵魂的情况是完全类似的；因为在图像和生命事物这两种情况下属于共同名称的特殊事物构成了一个系列，其中每一个连续的项都潜在地包含着它的在先的项，例如方形包含着三角形，感觉能力包含着自我营养能力"。①

69 [49]然而，如果理智灵魂也存在于同一主体之中，他对此是存疑的，那就同样必须说营养灵魂和感觉灵魂就像三角形和方形存在于五边形那样存在于理智灵魂之中。因为方形作为一个图像虽然实际上是特别地区别于三角形的，但是却同蕴含于其中的三角形潜在地没有什么不同，就像4虽然来自作为它的一部分的3，但是它所来自的却只是分离存在的那个3。而且，如果不同的形状是由不同的活动主体产生出来的话，那被视为部分并且区别于方形的三角形也就有一个不同于方形的原因，就像它具有另外一个种相似的，但是，那个存在于方形之中的三角形却具有同样的产生的原因。同样，脱离感觉灵魂而存在的营养灵魂也是灵魂的另一个种相，具有不同的产生的原因，但是在感觉能力之内，却存在有感觉灵魂和营养灵魂的同一个产生的原因。因此，如果说到营养灵魂和感觉灵魂，它们都存在于理智灵魂之中，它们都来自产生理

① 亚里士多德：《论灵魂》，414b28—32。

智灵魂的外在原因，那就没有任何不相容的东西产生出来。因为一个较为高级的活动主体的结果之具有产生较为低级的活动主体所具有的结果的能力，这其中是没有任何荒谬的东西的，甚至更其合理些。因此，理智灵魂(anima intellectiua)，虽然来自外在的活动主体，却具有为营养灵魂和感觉灵魂所具有的能力，而这些灵魂则是由较为低级的活动主体产生出来的。

[50]所以，凡是仔细考察过亚里士多德关于人类理智所说的一切的人都是能够清楚地看到他的学说在于人的灵魂(anima humana)是身体的现实，而它的部分或能力则为可能理智(intellectus possibilis)。

第二章　其他逍遥派关于人的可能理智的论述

71 ［51］现在，我们应当考察其他逍遥派关于所有这一切不得不说的内容。我们将首先考察德米斯提（Themistii）在《〈论灵魂〉注》中所说的话。他说道：虽然“我们所谓处于潜在状态下的理智更为灵魂所固有”，他的意思是说，这种理智比能动理智更为灵魂所固有，“然而，我所说的却并不是每一种灵魂，而只是人的灵魂。而且，正如达到潜在视觉和潜在颜色的光使它们成为现实的一样，同样，当这种理智处于现实状态之下的时候，它就不仅使理智处于现实状态，而且也使潜在的可理解的东西成为现实可理解的东西。”①在稍后一点，他又接着说：“正如技艺对于质料的关系一样，施动理智（intellectus factiuus）对于处于潜在状态下的东西的关系也是如此。这也就是当我们希望理解的时候我们就能够理解的原因。因为它并不是一种外在于质料的技艺，而毋宁是投入到在正在制作的整个理智之中的一种能力。正如，如果建筑工人并不外在于木材，铜匠并不外在于铜材，则他们就是能够彻底融入其中的。这样，现实理智就总是伴随着潜在理智，并与之合二而一的。”②

---

① 德米斯提：《亚里士多德〈论灵魂〉注》，杰拉尔德・维波克编，古劳姆・德・莫伯克译，莱顿：E. J. 布里尔，1973 年，225，2—8，注 430a14—17。

② 德米斯提：《亚里士多德〈论灵魂〉注》，225，16—24，注 430a14—17。

[52]稍后一点，他得出结论说："所以，我们不是处于潜在状态 73
下的理智，就是处于现实状态下的理智。而且，在每一件由处于潜在状态的东西与处于现实状态的东西组合而成的东西中，倘若它是一回事，而它的存在又是一回事，则我与我的存在也就会有所不同。我虽然是一个由潜在和现实组合而成的理智，但我之所是则是来自处于现实状态的东西。就我思我写的东西而言，虽然它是由一个由潜在和现实组合而成的理智在写，但是，它之在写却不是作为潜在的理智在写，而是作为现实的理智在写。它也正是由此形成它的活动的。"①他还更进一步也更为清楚地说道："正如动物与使动物存在的东西不是一回事一样，后者是由于动物灵魂的缘故，同样，我与使我存在的东西也不是一回事。使我存在的东西虽然来自灵魂，但却不是来自灵魂的每一个部分，不是来自感觉灵魂，感觉乃想象力的质料，也不是来自想象力，因为想象乃可能理智的质料；也不能来自潜在地是理智的东西，因为潜在理智乃能动理智的质料。所以，只有能动理智才是使我存在的东西。"②之后他又补充说："在进展到这一步之后，自然也就停止了，因为再没有任何更为尊贵的东西能够适合于作为它的主体了。所以，我们即是能动理智。"③

[53]在批驳了其他一些人的意见之后，他说道："既然亚里士多德说，在每个本性中，都存在有构成质料的东西以及推动质料使之

① 德米斯提：《亚里士多德〈论灵魂〉注》，228—229，68—75。
② 德米斯提：《亚里士多德〈论灵魂〉注》，79—85。
③ 德米斯提：《亚里士多德〈论灵魂〉注》，89—91。

完满的东西，则他就是在说这些差别也必定存在于灵魂之中，从而也就必定有一种理智能够成为一切，而另一种理智能够使之成为一切。因为他说，在灵魂中存在有这样一种理智，它是人的理智中最为尊贵的部分"，[1]他稍后又补充说："这同一个文本证明了，他，即亚里士多德，认为我们或者是能动理智，或者能动理智是我们的一个部分。"[2]

从德米斯提的这些话中，可以清楚地看到，他不仅主张可能理智是人的灵魂的一部分，而且能动理智也是如此，而且他还说，亚里士多德也是这样教导的。他还进一步主张，人之所以是其所是，并不是像一些人错误地认为的，是由于感觉灵魂，而是由于主要部分，即理智灵魂的缘故。

75 [54]我并没有看到过德奥弗拉斯图(Theophrasti)的书，但是，德米斯提在他的评注中引用过他的话，他写道："然而，阐述一下德奥弗拉斯图关于处于潜在状态的理智与处于现实状态的理智的说法要更好一些。关于处于潜在状态的理智，他问道：理智何以能够来自外面并且作为附加物存在然而却又是我们所固有的？而且，它的本性又是什么？因为它实际上什么也不是，然而却又潜在地是一切，就同感觉一样。这也不能被认为是意指它自身不是，这样说便有点吹毛求疵了，而是应当把它看作是一种潜在的主体，而这是只有在物质事物中才能发现的。但是，这不应当被说成是来自外面的，或某种结合在一起的东西，而是在最初存在时就包含有的。"[3]

---

① 德米斯提:《亚里士多德〈论灵魂〉注》,233—234,73—79。

② 德米斯提:《亚里士多德〈论灵魂〉注》,88—90。

③ 德米斯提:《亚里士多德〈论灵魂〉注》,242,54—62。

[55]所以，德奥弗拉斯图问了两样东西。首先，是可能理智来自外在的原则何以又能够为我们所固有。其次，是可能理智的本性究竟是什么。他首先回答第二个问题。他说：它潜在地是一切，不是作为“无”存在着的，而是像感觉总是相关于感性事物那样。他对第一个问题的回答也是由此演绎出来的，它不应当被理解为是来自外面的，仿佛它是某种偶然地结合上去的东西或是在时间上在先的东西，而是在一开始存在时就有，就包含着人的本性。

[56]亚历山大主张可能理智是身体的形式，阿维洛伊对此也是承认的，虽然在我看来，他对亚历山大的话是作了歪曲的理解的，一如他超出其固有的含义使用德米斯提的话那样。因为他声称亚历山大说过，可能理智确切地讲是在人的本性中为能动理智和可理解的事物所作的准备；他还把这种准备理解成是不是别的，而只是理智的潜能为可理解的事物所作的准备。所以，他说，它并不是身体之中的一种能力，因为这样一种能力并不具有身体器官，这并不能构成阿维洛伊归于他的理由，即任何准备都不可能是身体的一种能力。

[57]现在让我们从希腊人回到阿拉伯人。首先，很清楚，阿维 77
森纳(Avicenna)是主张理智是灵魂的一种能力，而灵魂乃身体的形式的观点的。因为他在《论灵魂》中说过：“活动的，亦即实践的理智，为了自己的活动是需要身体和身体能力的，但是，思辨理智却并不总是完全需要身体及其能力；因为它是自给自足的。它们中虽然没有一个是人的灵魂，但是，灵魂却是具有这些能力的东

西;而且,如我们在后面将要主张的那样,灵魂是一种单独的实体,也就是说,就其本身而论即存在并且具有活动的倾向。它们中有些只有通过工具和对工具的运用才能完满化,而另外一些则根本无需任何工具。”①

再者,在第一部分,他说道:“人的灵魂,就其有能力实施审慎选择活动、藉探究去发现和把握属于其共相而言,是具有器官的自然身体的第一完满性的。”②但是,后来他也真的说过并且证明了人的灵魂,由于专门属于它的东西,也就是说,根据它的理智能力,“并不是像形式那样相关于身体,它也不需要提供给它一个器官供它使用。”③

[58]接着,阿尔加扎里(Algazeli)的话也应当补充进来:“当元素的混合达到最美丽最完满的均等时,那就再也找不到任何更其精妙更其美丽的东西了,因此,它就倾向于从形式的给予者那里获得一种比其他形式更为美丽的形式,而这种形式也就是人的灵魂。人的灵魂中存在有两种能力:其中一种是运作的,另一种是认知的”,④而所谓认知能力从接下来的话来看很清楚,所意指的就是理智。此后,他又以很多论证证明说理智的运作并不是藉身体器官而发生的。

① 阿维森纳:《论灵魂》,范·里特编,莱登:布里尔,1968 年,80,54—63。

② 阿维森纳:《论灵魂》,80,12—16。

③ 阿维森纳:《论灵魂》,113,44—45。

④ 参阅《阿尔加扎里的形而上学》,J. T. 马克尔编,特伦多:圣迈克尔学院,1033 年,第 172 页。

[59]我们之所以阐释这些问题，并不是希望借助于哲学家的 79
权威来批驳上述错误，而是为了表明不仅拉丁作家，一些人并不喜欢他们的语言，而且希腊人和阿拉伯人，也认为理智是灵魂的一部分或者是灵魂的一种能力或官能，而灵魂则是身体的形式。所以，我诧异从他们自吹自擂说他们从逍遥派所说的话获得了这种错误，除非他们不太乐意与其他逍遥派一起正确地思想，而情愿与阿维洛伊一起去犯错误。阿维洛伊并不是一个逍遥派分子，而是逍遥派哲学的叛徒。

第三章　探究理智能力论的理据

[60]我们在前面已经依据亚里士多德及其追随者的话表明：理智是灵魂的一种能力，而灵魂乃身体的形式，尽管作为理智的能力并非任何器官的现实，因为如亚里士多德所说，“理智的运作并不是身体的任何运作都能分享的”，[①]则我们现在就必须借助证明的方式来探究所有这一切的理据。而且，既然按照亚里士多德的学说，它们的原则之被认识是来自活动的，则我们的考察也就必须从理智的特殊活动(actu proprio intellectus)，亦即从理解活动(intelligere)着手。

[61]关于这一点，没有什么比亚里士多德在下述论证中所提供的证明更有力量了。他说：“灵魂是我们首先赖以生存和理解的东西；从而，它总是某个身体的一定的形式和式样(ratio quedam et species)”。[②] 所以，他依靠这一证明，使之具有推证的特征。因为在这一章，他开门见山地说道：“因为像大多数人现在所作的那样，仅仅用一个确定的公式来表达这一单纯的事实，是不够的；它还必须进而包括和昭示出显示其所以如此的内在原因(causam inesse)。”[③]他举例说，一个四边形或方形的组成部分所是的东西

① 亚里士多德：《论动物的产生》，II，3，736b28—29。

② 亚里士多德：《论灵魂》，II，2，414a12。

③ 亚里士多德：《论灵魂》，II，2，413a13—20。

是必须藉发现比例中项才能得到推证的。

[62]这种推证的力量和无可辩驳性显然来自如下这个事实，81
这就是：凡是想要与之相左的人所说的话都必定是荒谬的。这个人在理解作为事实是显而易见的。因为如果我们不进行理解活动，我们就绝不会对有关理智的问题发问。而当我们询问理智问题的时候，我们所询问的也不是任何别的东西而无非是我们借以理解的东西。因此，亚里士多德说，“我所意指的是灵魂借以理解的理智”，[1]并且由此得出结论说，如果某件事物是我们借以理解的第一原则，它就必定是身体的形式。因为他早些时候就已经说明，我们最初借以做任何事情的东西即是形式。而这显然是来自这样一种推论的：任何事物就其处于现实状态（actu）而言都在活动着（agit）；而任何事物都是藉它的形式处于现实状态（actu）的；所以，事物最初借以活动（agit）的东西必定是形式。

[63]然而，如果你说作为理解的活动的第一原则——我们称之为理智，不是形式的话，那么，你就必须去找到一种方式使这一原则的活动能够成为这个人的活动。有些人曾经试图以各种不同的方式这样做。他们中的一个，阿维洛伊，认为被称之为可能理智的理解的原则并不是灵魂或灵魂的一部分，除非在同义的意义上这么说；毋宁说，它是一个独立实体。他说道：独立实体的理解活动，是就可能理智藉存在于我和你心中的心像而同我或你联系在

① 亚里士多德：《论灵魂》，III，4，429a23。

一起而言，才是我的活动或你的活动。他说，事情是以这样一种方式发生的，这就是，可理解的种相与作为其形式和现实的可能理智合而为一时，便具有两个主体：其中一个是心像(fantasmata)，而另一个则是可能理智。所以，可能理智是借助于心像通过其形式连续不断地与我们结合在一起的。这样，当可能理智理解的时候，这个人也就在理解。

83 [64]有三种方式表明这等于什么也没有说。首先，因为理智同人的结合当人这样做的时候他就不会达到存在，一如德奥弗拉斯图(Theophrastus)所主张以及亚里士多德在《物理学》第2卷中所表明的那样。亚里士多德在其中说道：自然主义者考察形式的目标在于形式，按照这种说法，人是由人和太阳产生出来的。[①] 理智显然是自然主义考察的目标；然而，按照亚里士多德所说的，理智之同人结合在一起并不是从他产生之日起就开始了的，而是通过感觉的运作实现出来的，这是就他现实地在感觉而言的：想象，一如《论灵魂》中所说，乃是“由感觉能力现实活动所产生的一种运动”。[②]

[65]其次，由于这种结合并非只有一个原因，而毋宁说有多个原因。因为很显然，可理解的种相当其存在于心像中的时候，就只能够潜在地得到理解。但当其从可能理智中的心像抽象出来的时候，它就现实地得到理解了。因此，如果可理解的种相之为可能理

---

① 亚里士多德：《物理学》，II，4，194b9—13。

② 亚里士多德：《论灵魂》，III，4，429a1—2。

智的形式仅仅是就它之从心像中抽象出来而言的，那就可以得出结论说，可能理智并不是藉可理解的种相同心像结合在一起的，而毋宁是同它们相分离的，除非可能理智之同心像合二而一就像镜子同其肖像反映到镜子中的人合二而一一样。但是，这样一种结合显然并不能够满足现实的结合。因为很显然，镜子的现实，镜子就是去表象，由于这个理由，就不能归因于人。为了使这个人得以理解，基于上述结合的可能理智的活动就更其不可能归因于这个人如苏格拉底了。

[66]最后，即使同一个形式既是可能理智的形式，同时也存在 85
于心像之中，这样一种结合也不足于解释这个人在理解。因为很显然，正如有些事物虽然是通过可感觉的形式而被感觉的，但一个人却是通过感觉能力感觉的一样，一些事物虽然是通过可理解的形式得到理解的，但一个人却只有藉理智能力才能理解某种事物。因此，颜色所在的墙，其可感觉的形式虽然现实地存在于视域之中，但却是视而不见的；在看的东西正是具有视力的动物，这样一种形式也存在于它的视力之中。可能理智与人的上述结合，在人身上存在有各种心像，这些心像的形式也是存在于可能理智之中的，这与颜色所在的墙同其颜色的形式所在的视力的结合是一模一样的。这堵墙虽然看不到，但它的颜色却能够看得到。因此，我们能够得出结论说，人虽然并不在理解，但他的心像却能够为可能理智所理解。所以，根据阿维洛伊的意见，要说明这个人在理解是不可能的。

11

[67]鉴于根据阿维洛伊的观点，不可能证明这个人在理解，有

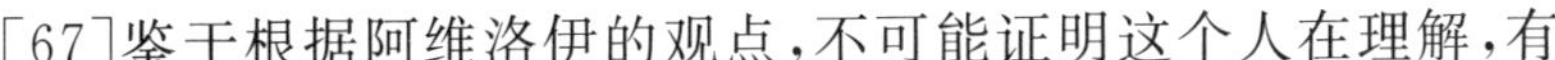

人便另辟蹊径，说理智是作为身体的推动者同身体结合在一起的，从而，就身体与理智作为推动者与被推动者合二而一而言，理智便成为这个人的一部分；所以，理智的运作之归因于这个人，就如在看的眼睛的运作之归因于这个人一样。他究竟仅仅是作为推动者的理智，还是为理智所推动的东西，即一个为营养灵魂和感觉灵魂所赋予生命的身体呢？抑或他是由两者组合而成的呢？就他的观点能够辨别出来的而言，他似乎采用了第三种可能性，即苏格拉底是由两者组合而成的。

87 [68]那么，让我们利用亚里士多德《形而上学》第8卷中的证明继续讨论他们的观点。亚里士多德指出："使人成为一的东西究竟是什么？"[①]"一切具有若干个部分的事物，其全体似乎并不只是各个部分堆在一起，这个整体除各个部分外还是某种东西，存在有一个统一的原因。因为就物质事物而言，接触即为它们合一的原因，而在其他情况下，则以黏稠及某种别的性质作为它们合一的原因。"[②]"这样，很显然，如果从人们定义或言说的通常方式出发，他们就不可能解释和解决这一困难。但是，如果按照我们所说的，一种元素为质料，另一种元素为形式，一种元素为潜在，另一种元素为现实，则这个问题也就不再是一个难题了。"[③]

[69]但是，如果你说苏格拉底并不绝对地是某一件事物，而是

① 亚里士多德：《形而上学》，VIII，6，1045a14。
② 亚里士多德：《形而上学》，VIII，6，1045a8—12。
③ 亚里士多德：《形而上学》，VIII，6，1045a20—25。

藉推动者与被推动者的方式结合在一起而成为一的，那许多自相矛盾的东西就会接踵而至。首先，既然任何一件事物是以它借以存在的方式而成为一的，那就可以得出结论说，苏格拉底并不是一个存在者，也不属于一个种相或属相；而且他也因此而不可能有任何活动，因为只有存在者才能够活动。因此，我们不能够说水手的理解活动所把握的是水手与船结合而成的整体，而仅只是水手而已。同样，理解活动也并不是苏格拉底的活动，而毋宁只是使用苏格拉底身体的理智的活动。一个部分的活动只有当这一整体是一个存在者的时候才是这一整体的活动。任何一种别的说法都是不恰当的。

[70]而且，如果你说天也是这样通过它的推动者来理解的，这就只能够诉诸更其困难的情形。我们必须借助于人类理智去把握更为高级的理智，而不是相反。

这个个体，即苏格拉底，是一个由营养灵魂和感觉灵魂赋了生命的身体，这样一种看法似乎也是从这样一些人的观点推演出来的，他们认为这个人之置放进一个形式之中并不是由于理智，而是由于感觉灵魂的缘故，而感觉灵魂则是由于可能理智的光照或与可能理智的结合而变得尊贵的。如果人们持这样一种观点的话，则理智之相关于苏格拉底就只能是推动者之相关于被推动者的关系。但是，这样一来，作为在理解的理智活动就完全不可能归因于苏格拉底。从许多方面都可以看出这样一个结论是显而易见的。

[71]首先，由于哲学家在《形而上学》第 9 卷中说过："于是，在 89
结果是某种离开其施动者的地方，现实活动也就处于被制造出来

的事物之中。例如，建筑活动就存在于正在被建筑的事物之中；纺织活动存在于正在纺织的产品中，在所有别的情况下也都是如此。而且，一般而言，运动也总是存在于被推动的事物之中的。但是，在除了现实活动外再无任何结果的情况下，现实活动也就存在于活动主体之中，例如，视觉活动就存在于视觉主体之中，思考活动(speculatio)就存在于思考者(speculante)之中”。[①] 所以，虽然理智被说成是同作为推动者的苏格拉底结合在一起的，但是，这对于把理解活动置入苏格拉底是于事无补的，这对于为“苏格拉底在理解”的宣称奠定基础也是于事无补的。因为理解活动仅仅是存在于理智之中的一种活动。由此也可以清楚地看到，那些说理解活动本身，而不是理智，是身体的现实的人的讲法是错误的：是根本不可能有任何理解活动的现实而非理智的现实的，因为理解活动仅仅存在于理智之中，正如视觉仅仅存在于视觉活动之中一样。视觉活动只能够属于其活动为看的主体。

[72]其次，因为推动者的固有活动是既不能归因于工具，也不能归因于被推动者的。正相反，工具的活动应当归因于主要推动者。也不能够说锯(serra)制造了工艺品，虽然能够说工匠在锯(secat)，而这也是锯的工作。理解活动是理智的固有活动；因此，即使承认理解活动像推动一样是一种传递到另一件事物上的活动，但要是理智仅仅是作为推动者同苏格拉底结合在一起的，那也不能由此得出结论说：理解活动是属于苏格拉底的。

① 亚里士多德：《形而上学》，IX，8，1050a30—36。

[73]第三，因为在一些事物中，如果其活动是及物的，是可以传递到另外事物的，则活动就能够以相反的方式归因于推动者和被推动者。由于建筑活动，建筑师因此就能够被说成是在建筑，而建筑物也同样能够被说成是在被建筑。因此，如果理解活动像运动一样，是一种及物的活动，那也依然不应当说苏格拉底在理解，因为理智是作为推动者同他结合在一起的，而毋宁说是理智在理解和苏格拉底在被理解。或许，理智是藉理解活动推动苏格拉底的，而苏格拉底则被推动。

[74]有时，推动者的活动传递给了被推动的事物，当被推动的 91
事物由于被推动而运动的时候，例如当加热的东西发热的时候，即是如此。照这样，我们就可以说，为理智所推动的东西，既然理智是在理解活动中推动的，则它便由于它之被推动这个事实而处于理解状态。我们是从亚里士多德那里获得这项证明的原则的。他在《论灵魂》第2卷中抵制了这项要求。因为当他说我们首先借以认识的东西或者说我们首先借以恢复的东西即是形式即科学和健康的时候，他补充说："因为能够产生变化的事物的活动似乎发生在领受这种变化或改变的事物之中。"德米斯提在对这一点作出解释时说："虽然知识和健康有时是来自其他事物的，例如来自教师和医生，然而，我们已经表明：在那些来自本性的事物中，那些能够产生变化的事物的活动是处于领受变化或改变的事物之中的。"[①]下面的说法正是亚里士多德的意思，从而显然是正确的。这就是：

① 德米斯提：《亚里士多德〈论灵魂〉注》，109，68—71。

当被推动的物体运动并且具有推动者的活动时，在其中就必定有某种来自推动者的活动，它也正是藉着这种活动而实施这类活动的。正是由于这一点它才一开始便活动，而且这也正是它的活动和形式，例如，当某种被加热了的事物是由于存在于其中的热量而由加热器获得热量的时候，情况就是如此。

[75]既然我们已经认识到是理智推动着苏格拉底，不管是藉照明的方式，还是藉某种别的方式，都一样，那么理智对苏格拉底所造成的印象便是苏格拉底最初借以理解的东西。然而，亚里士多德已经证明：苏格拉底首先借以理解的东西，就像他是藉感觉而进行感觉活动的一样，潜在地是所有的事物，并且由于这个原因，除了是可能的之外而没有任何确定的本性。[1] 因此，它并不是同身体混合在一起的，而是独立的。所以，即使肯认存在有某种独立的理智在推动苏格拉底，亚里士多德所讲的可能理智也依然有必要存在于苏格拉底的灵魂之中，就像感觉，虽然是苏格拉底借以感觉的东西，但却潜在地是所有感性事物一样。

93 [76]然而，如果说这个个体，即苏格拉底，既不是由理智和赋予生命的身体组合而成的，也不仅仅是一个有生命的身体，而仅仅是理智，那就是柏拉图的观点。柏拉图，如尼撒的格列高利(Gregorius Nissenus)一样，说："由于这种困难，便不能希望人是由身体和灵魂组合而成的，而是一个使用身体并且可以说是穿着身体外衣的灵魂。"[2]但是，柏罗丁(Plotinus)，一如马克罗比(Macrobius)

① 亚里士多德：《论灵魂》，III，4，429a9—b5。

② 内梅休斯：《论人性》，米涅《希腊教父全集》，第40卷，593B。

所报道的，要求灵魂本身即是人，他说："所以，真正的人被并不是所看见的东西，而毋宁是那支配着所看见的东西的东西。这样，当人死后生气离开动物，身体也就离开了支配者而孀居，而这才是在人身上所看到的，并且是有朽的。有朽性的所有特征都是异在于灵魂的，唯独灵魂才是真正的人。"[①]然而，辛普利西（Simplicius）在其《范畴篇注》中却把柏罗丁说成是最伟大的亚里士多德的评注家之一。[②]

[77]这种意见似乎离开亚里士多德的话并不太远，亚里士多德在《尼各马可伦理学》第9卷中说过："因为尽力向善乃善人的特征，而他这样做也不是为了他自己的缘故，也就是说，并不是为了他身上的理智元素的缘故，每一个人似乎都是这样的。"[③]当然，他这样说，并不是因为人仅仅是理智，而是因为理智乃人身上第一重要的东西。因此，他随后接着说道："正如国家及每一种别的有机整体似乎都是其中的首要事物一样，人也是如此。"[④]他还补充说："任何一个人或者即是这个，即理智，或者特别地是这个。"[⑤]正是在这个意义上，我赞赏前面引用的德米提斯的话[⑥]以及柏罗丁现在所说的话，因为他们说人是灵魂或理智。

① 马克罗比：《*Somnium Scipionis* 注》，F. 艾森哈特编，莱比锡：托依布纳，1893年，II，12。

② 辛普利西：《亚里士多德〈范畴篇〉注·序》，载C. 卡布弗莱什编，《亚里士多德希腊版注》，柏林：G. 赖默，1907年，第8卷，2，3。

③ 亚里士多德：《尼各马可伦理学》，IX，4，1166a15—17。

④ 亚里士多德：《尼各马可伦理学》，IX，4，1168a31—33。

⑤ 亚里士多德：《尼各马可伦理学》，IX，4，1169a2。

⑥ 德米斯提：《亚里士多德〈论灵魂〉注》，109，68—71。

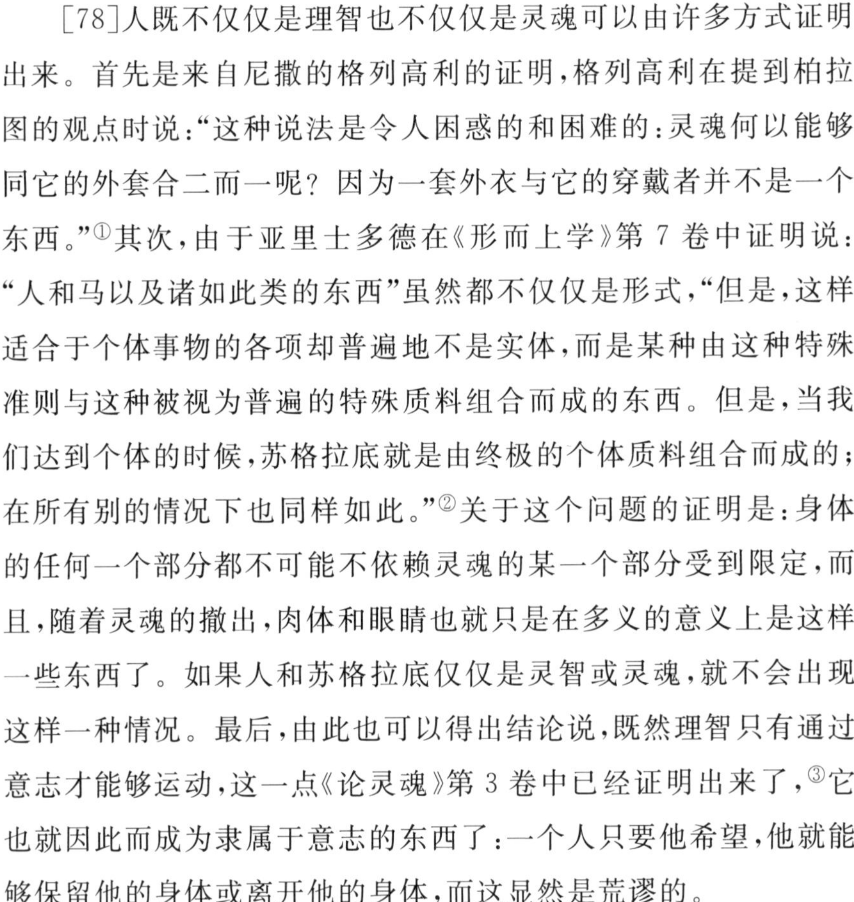

95 [78]人既不仅仅是理智也不仅仅是灵魂可以由许多方式证明出来。首先是来自尼撒的格列高利的证明，格列高利在提到柏拉图的观点时说："这种说法是令人困惑的和困难的：灵魂何以能够同它的外套合二而一呢？因为一套外衣与它的穿戴者并不是一个东西。"[①]其次，由于亚里士多德在《形而上学》第7卷中证明说："人和马以及诸如此类的东西"虽然都不仅仅是形式，"但是，这样适合于个体事物的各项却普遍地不是实体，而是某种由这种特殊准则与这种被视为普遍的特殊质料组合而成的东西。但是，当我们达到个体的时候，苏格拉底就是由终极的个体质料组合而成的；在所有别的情况下也同样如此。"[②]关于这个问题的证明是：身体的任何一个部分都不可能不依赖灵魂的某一个部分受到限定，而且，随着灵魂的撤出，肉体和眼睛也就只是在多义的意义上是这样一些东西了。如果人和苏格拉底仅仅是灵智或灵魂，就不会出现这样一种情况。最后，由此也可以得出结论说，既然理智只有通过意志才能够运动，这一点《论灵魂》第3卷中已经证明出来了，[③]它也就因此而成为隶属于意志的东西了：一个人只要他希望，他就能够保留他的身体或离开他的身体，而这显然是荒谬的。

[79]所以，很显然，理智并不是像一个推动者那样同苏格拉底结合在一起的。但是，即便如此，那也不能提出苏格拉底在理解的要求。所以，那种希望为这种观点进行辩护的人必定或是承认他

① 内梅休斯：《论人性》，米涅《希腊教父全集》，第40卷，593B。

② 亚里士多德：《形而上学》，VII，10，1035b27—31。

③ 亚里士多德：《论灵魂》，III，10，433a22。

们本身什么也不理解，从而不值得加入这一争论中去，或是承认亚里士多德所得出的结论：我们首先借以理解的东西是种相和形式。

［80］从这个人能够被放进某个种相之中这一事实也可以得出 97
这个结论。种相来源于形式；所以，这个人借以具有种相的东西正是形式。但是，每一件事物都是由构成该种相的固有活动原则的东西而具有其种相的。人之为人的特殊运作是理解活动；正是由于这一点他才区别于其他动物，而且这也正是亚里士多德将终极幸福置放进这种活动之中的缘由。但是，我们借以理解的原则，按照亚里士多德的说法，是理智。所以，它之作为形式同身体的结合，就必定不是像理智能力是某种器官的现实那样一种方式，而是由于它是灵魂的一种能力，而灵魂才是物质有机体的现实。

［81］再者，正在讨论的这一观点将会破坏道德哲学的原则，因为它取消了存在于我们能力之中的尊贵的东西(nobis)。一些东西是由于意志才存在于我们的能力之中的，而这也正是意欲活动(uoluntarium)被界定为存在于我们能力之中的东西的缘由。但是，意志是存在于理智之中的，这一点从亚里士多德《论灵魂》第 3 卷中所说的看是很清楚的，[①]从理智与意志能够在独立实体中发现这个事实以及一些事物普遍地为人所爱所恨这个事实看也是很清楚的。一如亚里士多德在《修辞学》中所说，我们恨贼这个属。[②]

---

① 亚里士多德：《论灵魂》，III，10，432b5。

② 亚里士多德：《修辞学》，2，4，1382a6。

［82］因此，如果理智不是属于这个人的某种东西，以至于它真的与他合二而一，而是仅仅通过心像或作为一个推动者与之相结合的，那就不可能存在于人中，而只能是存在于独立实体之中。这样，一个人就不可能支配他的活动，任何一个人也不可能为他的活动而受到赞扬或谴责，这就破坏了道德哲学的原则。而且，既然这是荒谬的，是与人的生活不相协调的，因为这会使得采纳忠告或通过法律而没有必要，那就能够得出结论说，理智是以我们确实与之合二而一的方式与我们结合在一起的。而这只能是我们所建议的那种方式，这就是：理智是灵魂的一种能力，而灵魂是作为我们的形式与我们结合在一起的。因此，也就可以得出结论说：这一点之所以必须为我们无所怀疑地坚持，并不是如我们的论敌所说的那样，由于信仰的启示，乃是因为否认它有悖于显而易见的事实。

99 ［83］要驳倒由相反观点提出的各种证明是比较容易的。因为他们说由他们的观点能够得出结论说，理智是一种物质形式，而不是没有一切可感觉本性的，结果，凡是在理智中所接受的东西都是像接受进质料之中一样，是个体地而不是普遍地接受的。再者，如果它是一种物质的形式，它就不能得到现实地理解，从而，理智也就不可能理解它自身，这显然是荒谬的。物质的形式也不能现实地得到理解，而只能潜在地得到理解；它只能够通过抽象才能够现实地得到理解。

这一答案显然来自前面说过的话。因为我们不能够根据理智能力说人的灵魂是身体的形式。因为，按照亚里士多德的学说，理智能力并不是任何器官的现实。[①] 灵魂，就理智能力而言，是非物质的，而且也是在非物质的意义上接受它自身并且理解它自身的。因此，亚里士多德意味深长地说道：灵魂是形式的场所，但这里意指的，“不是整个灵魂，而是理智”。[②]

[84]如果一个人对灵魂的一种能力不可能比它的本质更其非物质性和更其单纯些，那就会是一个极好的证明：如果人的灵魂是以它并不是自行存在的而是仅仅依赖于复合物的存在的方式，这种情况与那些如果不分有质料就没有其自身的存在或运作的其他形式没有什么两样，从而被说成是嵌入质料之中的。人的灵魂是能够以它自己的身份存在的，并且只是在一定程度上同质料结合在一起，从而并不是整个地占有它，这种形式在尊贵性方面要超过质料的接纳能力。任何东西也不能阻止它具有质料不可能达到的一些运作或能力。

[85]让那些这样说的人去考察一下，如果我们借以理解的这 101
种理智原则是独立存在的，并且是区别于作为我们身体的形式的灵魂的，它就会自行地成为理解活动或被理解，而不是有时在理解，有时又不在理解。它之理解它自身也不需要借助于可理解的事物和活动，而只需要通过它自己的本质就可以了，就跟别的独立实体一样，而且，为了理解而需要心像这一点也不适合于它。按照

① 亚里士多德：《论灵魂》，III，4，429a27—28。

② 亚里士多德：《论灵魂》，III，4，429a28—29。

事物的秩序，等级高的实体并不需要等级低的实体作为它们自己的主要完满性，这跟天体无需借助低级物体而在其运作中得以成形或完满没有什么两样。

由是观之，说理智是实体中的某种独立的原则，然而却要通过来自心像的形式完满化并且现实地从事理解活动。这样一种主张因此是未必确实的。

第四章　谴责所有的人只有一个可能理智的主张

[86]理智不是灵魂，灵魂乃我们身体的形式，它也不是灵魂的一部分，而是某种独立实体，关于这一论点，我们就谈这么多。但是，我们依然需要讨论一下下面这个主张，这就是：所有的人只有一个可能理智。[①] 或许这样说能动理智是有某种理由的，而且，许多哲学家也都是这么说的。因为说若干件事物为一个活动主体完满化，就像藉着一个太阳，所有动物的视觉能力都能够看见东西一样，似乎也没有什么荒谬之处。虽然这并不是亚里士多德的意思，因为他主张能动理智存在于灵魂之中，但是他还是把它比作一道光，而柏拉图，按照德米斯提告诉我们的，由于主张理智是一件独立的东西，从而把它比作太阳。因为虽然只有一个太阳，但是为了看见事物就有许多道光从它发散出去。[②] 然而，这是就能动理智而言的，倘若说可能理智对所有的人来说只有一个，这从很多方面看都是不可能的。 103

[87]首先，因为如果可能理智是我们借以理解的东西，那就必 105

① 布拉邦的西格尔：《〈论灵魂〉第三卷注》，问题 11，4—5；问题 9，55—56："理智只有一个，它不会随着个体的人的数量的增多而增多。"

② 德米斯提：《亚里士多德〈论灵魂〉注》，235，10—11。

定可以用它来言说一个个体的人，这个人或是理解他即是理智本身，或是理智作为形式为其所固有；但实际上并非如此，它实际上并非身体的形式，而毋宁是灵魂的能力，而灵魂才是身体的形式。如果任何人说单个的人即是理智本身，那就会因此而得出结论说：所有的人都是一个人，不是就分有同一个种相而言的，而是就作为一个个体而言的。因为正如人是由身体和灵魂组合而成的一样，这个人，加利亚或苏格拉底，就是由这个身体和这个灵魂组合而成的。然而，如果灵魂不同，而可能理智又是灵魂借以理解的能力，则它们就必定在数值上有所不同。因为要想象若干不同的事物所具有的能力在数值上是同一个是不可能的。要是有人说人之通过可能理智进行理解，就像是通过他自己的某种事物进行理解似的，尽管这种事物并非作为形式而毋宁是作为一个推动者构成他的一部分的。我们在前面[第 79 节]就已经表明，根据这种观点，那就完全不可能说苏格拉底在理解。

107 [88]但是，还是让我们承认苏格拉底在理解，因为理智在理解，尽管理智只是一个推动者，就像人是由于眼睛在看而说人在看一样。与此相类似，我们便可以设定所有的人从数值上说只存在有一只眼睛。然而，我们追问究竟所有的人是一个视觉实体还是多个视觉实体。为了发现这个问题的真理，我们应当注意到：第一个推动者是不同于工具的，因为如果许多人从数值上说只使用一个工具，我们就会说，存在有许多个活动主体，例如，当许多人用一台机器来投掷石头或抬起石头的时候，情况就是如此。然而，如果第一活动主体虽然是一个但是却使用许多工具，那就只有一个活动主体，即使许多工具都是它所需要的，虽然或许由于使用了多种工具而有多种运作。然而，有时却只有一种运作，尽管它需要多种工具。一个活动的统一性不是由工具而是由使用工具的主要活动主体辨认出来的。

因此，根据前面描述的立场，如果眼睛是人身上的主要部位的话，它就会使用灵魂的所有能力和身体的各个部分作为其工具，具有同一个眼睛的许多人就将只是一件在看的主体。但是，要是人身上的主要东西不是眼睛，而是某种使用眼睛的更为高级的东西，并且在不同的人身上是多种多样的，那就会有许多人在看，但是却使用同一个眼睛。

[89]但是，很显然，作为人身上的主要东西，并且使用灵魂的 109
所有能力以及人的肢体作为其器官的，正是理智。因此，亚里士多德谨慎地评论说人是理智，“或者说他特别地是理智”。[①] 因此，要是所有的人只有一个理智，那就必定可以得出结论说：只有一个人在理解，从而也只有一个人在意欲，并且是自由地意欲使用所有那些人们借以相互区别开来的东西。由此也就可以进一步得出结论说：在人之间，如果就意志的自由选择而言，是没有什么差别的。但是，要是理智，人使用所有别的东西的职权或支配权全系于理智；要是理智在所有的人身上只有一个，并且是不可分割的，则所有的人就只会有同一个理智。但是，这显然是荒谬的，不可能的，而且是同显而易见的东西相冲突的：它破坏了整个道德科学，以及

① 亚里士多德：《尼各马可伦理学》，IX，9，1169a2。

所有那些属于文明交流的东西，然而，按照亚里士多德的说法，文明交流是对于人却是自然的。[①]

111 [90]再者，如果所有的人都是藉一个理智来理解的，尽管不管是作为形式还是作为推动者，它也的确是同他们结合在一起的，那就必然会得出结论说：从数值上看，所有的人只能有一个理解活动，这一理解活动既是同时发生的又都具有同一个可理解的对象。例如，如果我理解石头，而你也理解石头，那我的理智活动与你的理智活动就必定是同一个理解活动。这同一个活动原则的运作，不管它是形式还是推动者，就其在同一个时间相关于同一个对象而言，必定在数值上为一，这一点从哲学家在《物理学》第5卷中所说的看是很清楚的。[②] 所以，如果许多人只具有一只眼睛，所有的人在同一个时间相关于同一个对象的视觉活动也就只能是一个。

[91]所以，如果所有的人只有一个理智，那也能够得出结论说，所有的人就只有一个理智运作在同一个时间理解同一件事物；尤其是既然人们相互之间没有什么借以区别的东西，他们也就分享着这同一个理智运作。因为心像乃理智活动的起点，就像颜色是视觉活动的起点一样，因此，理智活动并不是由于它们的差别而多样化的，特别是就可理解的东西而言，就更其如此了。它们区别了这个人的知识和那个人的知识，因为一个人所理解的是那些他

① 亚里士多德：《政治学》，I，1，253a2—3。

② 亚里士多德：《物理学》，V，6，227b21—228a3。

对之具有心像的事物，而另一个人所具有的也是他对之具有心像的事物。但是，当两个人认识和理解同一件事物的时候，理智活动本身就绝不可能由于心像的多样化而多样化。

[92]再者，还应当指出，这种观点显然与亚里士多德的学说相 113
冲突。因为当亚里士多德把可能理智说成是独立的和潜在地是一切的时候，他就补充说：“思想是以一个现实认识的人被说成是在现实认识的方式成为每一件事物的”，也就是说，是以认识是一种现实而认知者就其具有习性而言可以说成是处于现实状态之中的方式“成为每一件事物的”；他还补充说：“这种情况，只有在他现在即能够主动地运用这种能力的情势下才有可能发生；其状态虽然依然是潜在的，但是却与通过学习或发现获得知识之前的潜在状态不同。”[1]随后，他问道：“如果理智是单纯的和不可朽坏的，从而，如阿那克萨哥拉所说，与别的事物没有任何共同之处，如果思想活动蕴含有一种被动性，则它何以能够思想一切呢？”[2]他在答复这个问题时说：“理智在一个意义上，潜在地是一切可思想的东西，虽然除非它已经有所思想，否则它现实地什么也不是。它所思想的东西必定存在于理智之中，正如文字可以说是存在于一块上面什么也没有现实地写上去的写字板上一样，理智的情形与此是一模一样的。”[3]所以，处于潜在状态下的可能理智是先于学习或发现的，就像一块上面什么也没有写的板子一样，但是在学习或发

① 亚里士多德：《论灵魂》，III，4，429b5—9。

② 亚里士多德：《论灵魂》，III，4，429b23—25。

③ 亚里士多德：《论灵魂》，III，4，429b30—430a2。

现之后，它就由于科学习性而处于现实状态之中了，它也就因此而使它自身成为现实的，即使相对于现实地思考而言，它那时依然处于潜在状态。

115 [93]这里，有三个要点需要注意。首先，科学的习性乃可能理智的第一现实，正是由于这种习性，可能理智才能够进入现实状态，并且自行地运作。科学并不仅仅，如一些人所说，取决于受到光照的心像，或者是我们通过频频的默思而获得的为了我们能够借助于心像而与可能理智发生联系而行使的一种官能。其次，还应当注意到，在我们学习或发现之前，可能理智本身就像一块上面什么也没有写的白板一样，处于潜在状态之中。最后，通过我们的学习或发现，可能理智就变成现实的了。

[94]所有这一切，如果所有现在存在的、过去存在的或者将来存在的人只有一个可能理智，那就没有一件能够存在下去了。

很显然，种相是保存在理智之中的，因为一如哲学家在前面所说，理智乃形式的场所；[①]再者，科学是一种持久的习性。因此，如果一个前面所说的人由于某些可理解的种相而成为现实的，并且由于科学的习性而完满化，则这种习性以及这些种相就依然存在于他的身上。因为要是任何一个领受者都不具有他所领受的东西，则可能理智通过我的学习活动或发现活动而获得这些种相就将是一件不可能的事情了。因为虽然一些人可能会说，通过我的

① 亚里士多德：《论灵魂》，III，4，429a27—28。

发现，可能理智能够由于某些事物而重新回到现实状态之中，例如，如果我发现了某件先前从未发现过的可认识的事物。然而，这是不可能通过学习活动发生的，因为我只能够学到那些老师曾经认识过的东西。所以，说理智在学习活动或发现活动之前是处于潜在状态的，这种说法是不中肯綮的。

[95]如果有人还要说，按照亚里士多德的意见，始终有人存在，117
那就可以得出结论说，绝不会有第一个人进行理解；从而，可理解的种相也就不是由可能理智经由任何一个人的心像获得的，而是一个属于永恒可能理智的。所以，亚里士多德设定一个能动理智使潜在地可理解的事物变成现实地可理解的，就是一件徒劳无益的事情了；他设定，如果可能理智不从心像接受任何事物的话，心像之相关于可能理智就如颜色相关于视觉一样，这也同样是徒劳无益的。因为说一个独立实体应当从我们的心像接受事物，说除非通过我们的学习活动或理解活动它就不可能理解它自身，这也是不合情理的。但是，亚里士多德对他前面的话又补充道，“它能够因此”，也就是说，在学习或发现之后，“而理解它自身”。[1] 独立理智就其本身而言是可理解的，而可能理智却是通过其本质来理解它自身的，仿佛它就是一个独立实体似的；由于我们的理解活动和发现，它也不是为了达到这一步而需要它的可理解的种相临在的。

[96]如果他们想要通过声称亚里士多德就可能理智与我们合

① 亚里士多德：《论灵魂》，III，4，429b9。

二而一而不是就其本身而言存在所说过的所有那些关于可能理智的话，来逃避这些荒唐的东西，那就首先必须说，亚里士多德的话的意思并非如此。其实，他是根据其特有的东西来言说可能理智的，而且也是就其区别于能动理智来言说的。因此，如果不求助于亚里士多德的任何现成的话，让我们设定，一如他们所说的，可能理智永恒地具有它根据可理解的种相，凭借这些可理解的种相，可能理智就依据存在于我们身上的心像而与我们合二而一了。

119 [97]存在于可能理智之中的可理解的种相与存在于我们身上的心像必定是以下述三种方式中的一种相关联的。首先，存在于可能理智之中的可理解的种相，一如亚里士多德的话启示给我们的，是从存在于我们身上的心像获得的。这一点为通过考察已经证明了的观点排除掉了。第二种方式在于，种相并不是从心像获得的，而是在我们的心像之上照耀着的，例如，就像眼睛中存在有种相，它照耀着存在于墙上的颜色。第三种方式在于可理解的种相既不是由心像接受进可能理智之中的，也不是将某种东西印在心像之上的。

[98]如果采取第二种方式，也就是说，可理解的种相照亮了心像，并且以这样的方式得到理解，那就会得出结论说，首先，心像之现实地成为可理解的，并不是通过能动理智，而是通过可能理智及其种相。其次，对心像的这样一种照明是不可能使心像成为现实地可理解的：心像并不能成为现实地可理解的，除非通过抽象；但是，这将更像是一种接受活动而非一种抽象活动。再者，既然任何

接受都取决于接受者的本性，存在于可能理智中的可理解的种相的照明就将不是以一种可理解的方式，而是以一种感觉的和物质的方式，属于存在于我们身上的心像的。这样，我们也就不能由于这样一种照明而理解普遍的东西。但是，如果可能理智的可理解的种相既不是从心像获得的，也不是照耀在它们上面的，那它们就将是完全不同的，不具有任何类似性，而心像也就不会有任何东西与理解活动相关，这种说法是悍然不顾显而易见的事实的。这样，就不存在任何方式能够使所有的人都只有同一个可能理智。

第五章　驳斥反对可能理智复多性的诸项理据

121 [99]旨在排除可能理智复多性(pluralitatem intellectus possibilis)的种种证明依然需要给予驳斥。这种证明首先在于:凡是经由物质分割而增多的东西都是一种物质的形式,这也就是独立于物质的实体不可能成为同一个种相众多成员的缘由。因此,如果在许多由于物质分割而在数值上相互区别的人中存在有众多理智的话,那就必定能够从理智是物质的形式推论出来。但是,这是有悖亚里士多德的话的,而且也是有悖于他所提供的理智是独立的证明的。因此,如果它是独立的,它就不可能是物质的形式,从而也就绝不可能由于身体的增多而增多。

[100]他们是如此喜爱这项证明,以至于他们说:上帝是不可能在不同的人身上制造出同一个种相的许多理智的,因为他们说这将内蕴着一种矛盾:具有一种在数值上能够增多的本性不是别的,而只能是独立形式的本性。然而,他们超出这一步继续前进,希望由此得出结论:任何一种独立的形式都既不可能为数值上的一,也不可能是个体化了的东西。他们说,这显然是来自语词本身,因为虽然只有在事物的数目中为一的东西才是在数值上为一的东西,但是没有质料的形式却并非数目中的一,因为其中并不具有数目的原因,而数目的原因则是来自质料的。

[101]开始,他们似乎并不是以刚才所说的方式来理解他们的 123
话的。因为亚里士多德在《形而上学》第 4 卷中说:“每一件事物的本质不是以偶然的方式成为一的”,而且,“一件事物之是其所是也同样是来自它的本性本身的。”[①]所以,如果独立的实体是一个存在者,它就必定是一个实体。尤其是亚里士多德的在《形而上学》第 8 卷中说过:没有质料的事物是不具有它们存在或它们之成为一的任何原因的。[②] 在《形而上学》第 5 卷中,他区分了四种“一”或统一性(unum),这就是数值的,种相的,属相的,以及比例的。[③]我们不能够说,任何一个独立的实体在种相上或属相上都是一,因为绝对地讲,这并不能成为一。依然还有一个任何独立实体在数值上为一(unum numero)的问题。然而,这也不能够说是数值上的一,因为它只是诸多数字中的一(unum de numero),而数字是不可能构成一个事物的原因的,而是相反,但是,在数数时,它是不能够分割开的:一正是那种不能够分割开的东西。

[102]然而,说每一个数都是由质料产生的,也不正确。因为这样一来,亚里士多德之考察独立实体的数目就是枉费心机了。[④]亚里士多德在《形而上学》第 5 卷中说过,“多”不仅是从数值上说到的,而且也是种相地和属相地说到的。[⑤] 说独立实体不是单个

① 亚里士多德:《形而上学》,IV,2,1003b31－32。

② 亚里士多德:《形而上学》,VIII,5,1045a35—b6。

③ 亚里士多德:《形而上学》,V,6,1016b31—35。

④ 参阅亚里士多德:《形而上学》,XII,12,1073b17—1074b14。

⑤ 亚里士多德:《形而上学》,V,8,1017a2—6。

的和个体化了的，也不正确。否则，就不会有任何运作了。因为活动，按照哲学家的说法，仅仅适合于单个事物；[①]因此，他针对柏拉图在《形而上学》第7卷中说，如果观念（ydee）是独立的，那它就因此而不可能言说多，它也就是不可定义的，这同在其种相上是独一的别的个体，诸如太阳和月亮，完全一样。[②] 就质料可以为许多事物所分享而言，质料乃物质事物的个体化原则（principium indiuidu-ationis），因为它是不存在于他者之中的第一主体（primum subiec-tum）。因此，亚里士多德说，如果观念是独立的，“它就会是某件事物，也就是说，是一个个体，它之用来言说多就是不可能的。”

125 [103]所以，独立实体虽然是个体的和单个的，但是，它们之个体化却并非由于质料，而是由于这样一个事实，即存在于另一件事物之中并非它们的本性，从而并不为多所分有。由此便可以得出结论说：如果任何一种形式在本性上为某件事物所分有，从而成为某种质料的现实，它也就因此而能够藉同质料的比照而被个体化和复多化。前面已经表明，理智是灵魂的一种能力，而灵魂则为身体的现实。所以，在许多身体之中，存在有许多灵魂。而在许多灵魂中，也就存在有许多理智能力，也就是说，理智。但是，也不能由此得出结论说，理智是一种物质能力，这一点前面就已经说明了。

[104]任何一个人都会反对，如果许多灵魂是根据身体而增多

① 亚里士多德：《形而上学》，I，1，981a16—17。

② 亚里士多德：《形而上学》，VII，15，1040a25—30。

的话，那就可以得出结论说：当身体遭到破坏之后，它们也就不会依然存在。这一回答显然是来自已经说过的东西的。一件事物之为一是就它是一个存在者而言的，《形而上学》第4卷中就曾经这么说过。[①] 所以，既然灵魂之存在就是作为身体的形式存在于身体之中的，则它便不会先于它的身体而存在，但是，在身体遭到破坏之后，它却依然存在；因此，每个灵魂依然存在于它的统一体中，从而许多灵魂便依然以它们的复多形式而存在。

[105]他们以最粗暴的方式论证说：上帝不可能造出许多理 127
智，因为这样就会陷入矛盾。然而，即便成为复多不是理智的本性，那也不能由此得出结论说理智的复多会陷入矛盾。没有任何东西能够阻止一件事物从他物那里获得其本性所不具有的东西：重物就本性而言是不在上面的，然而重物之在上面却并不蕴含有矛盾，尽管重物藉它的本性而在上面是蕴含有矛盾的。因此，如果理智在本性上对所有的人都只有一个，是因为它没有增多的自然的原因(naturalem causam)，则增多就能够藉超自然的原因(supernaturali causa)在不含任何矛盾的情况下发生。我们这样说并不是因为现在这个问题，乃是为了使这种论证的形式能够扩展到其他的例证上去。因为这样一来，我们就能够得出结论说，上帝不可能让死者复活，也不可能让盲者恢复他们的视力。

[106]为了支持他们的错误，他们还提出了另一个证明。他们

① 亚里士多德：《形而上学》，IV，2，1003b30—34。

问在我身上和在你身上理解的东西是在所有的方面都是一个，抑或在数值上(in numero)是两个但在种相上(in specie)却是一个。如果被理解的东西是一个，那就会只有一个理智。如果在数值上是两个但在种相上却是一个，那就可以得出结论说，他们所具有的如果从数值上讲为所理解的诸事物，而从种相上讲则为所理解的一事物。凡是存在有在数值上是两个但在种相上却是一个的地方，也就存在有一件被理解的东西，因为存在有一个理解借以发生的实质，如此演绎下去以致无穷，然而，这是不可能的。所以，在我身上和在你身上存在有数值上是两个的被理解的事物是不可能的。这样一来，在所有人身上就只存在有一个理智，而且即使从数值上讲也仅仅有一个理智。

129 [107]那些省察他们自身的人应当追问，这么细致地争论所理
66 解的事物在数值上是两个但在种相上却是一个之与被理解的概念相矛盾，究竟是就它之被理解而言的，还是就它之为人所理解而言的。它之与所理解的事物的概念相矛盾显然来自他们所构想出来的证明。因为为了其得到理解而无需任何东西从中抽象出来这一点是属于所理解的事物的概念本身的。所以，根据他们的证明，我们不仅能够得出结论说只存在有一件为所有人所理解的事物，而且还能够得出结论说仅仅存在有一件所理解的事物。而且，要是只存在有一件所理解的事物，则根据他们的推理，那就可以得出结论说：不仅对所有的人来说只存在有一个理智，而且，在整个世界上也只存在有一个理智。所以，不仅我们的理智是独立的实体，而且上帝本身以及众多独立实体也就全都一扫而空了。

[108]如果有人试图回答说，一个独立实体所理解的事物与为另一个独立实体所理解的事物之所以在种相上不能为一，乃是由于理智在种相上不同的缘故，那他就是在自欺欺人。因为被理解的东西是作为对象相关于作为现实和潜能的理解活动和理智的。这对象并不是从活动或能力获得其种相的，而毋宁是由其他的方式获得的。所以，我们还是必须承认，对一件事物的理解活动，例如看到一块石头，不仅在所有的人之中，而且在所有的灵智之中，也仅仅是一个。

[109]但是，人们依然要问：何谓所理解的事物本身。因为如果 131
他们说所理解的事物是一个存在于理智之中的非物质的种相，他们也就以一种无意的方式不知不觉地陷入了柏拉图的学说。因为柏拉图曾教导说：虽然根本不可能存在有任何感性事物的科学，但是每一门科学都具有一种独立的形式。[1] 究竟人们说关于一块岩石的知识是属于岩石的独立形式还是属于存在于理智之中的岩石的一个形式对我们现在所讨论的问题来说是无关紧要的。在任何一种情况下，都能够得出结论说，知识并不是关于存在于哪儿的事物的，而仅仅属于独立的事物。因为柏拉图教导说这样一类的非物质的形式自身就是独立存在的，所以，他还能够主张许多理智能够从一个独立的形式得到一种真理的知识。但是，那些在理智中设想这类非物质形式（他们称之为所理解的事物）的人，他们就必须说只存在有一个理智，不仅对所有的人来说是如此，而且绝对地讲也是如此。

① 参阅亚里士多德：《形而上学》，I，10，987a30 以下。

[110]所以，为了坚持亚里士多德的学说，我们应当说，所理解的事物，由于是一，而是事物的本性或实质本身(ipsa natura uel quiditas rei)。自然知识以及其他知识，都是关于事物的(de rebus)，而不是关于所理解的种相的(de speciebus intellectis)。因为如果所理解的事物不是岩石的本性本身，岩石的本性本身是存在于事物之中的，而是种相，种相是存在于理智之中的，那就可以得出结论说：我所理解的并不是作为石头的事物，而只是从石头中抽象出来的意念(intentionem)。诚然，石头的本性，当其存在于单个石头之中的时候，只能被潜在地得到理解，但是，由于种相借助于感觉的中介能够从感性事物达到想象，它就能够现实地得到理解。存在于可能理智中的可理解的种相是由能动理智的能力从中抽象出来的。然而，种相并不是作为所理解的东西相关于可能理智的，而是作为理智借以理解的种相相关于可能理智的，正如存在于视觉之中的种相并非所见的事物，而是视力借以看的东西，除非当理智反省它自身，但是，这在感觉的情势下是不可能发生的。

133 [111]然而，如果理解活动是一种进入外在物质的及物活动，像燃烧和运动一样，那就会得出结论说：理解活动是以事物的本性存在于单个事物之中的方式存在着的，正如火的燃烧是按照可燃烧物的方式存在着的一样。但是，由于理解活动乃一种存留于在理解的个人身上的活动，一如亚里士多德在《形而上学》第9卷中所说的那样，[①]那就可以得出结论说：理解活动取决于在理解的人

① 亚里士多德：《形而上学》，IX，8，1050a34—36。

的模式，也就是说，取决于理解者借以理解的种相（speciei）的需要。但是，既然它不是从个体原则抽象出来的，它也就不能在事物的个体状态下来表述事物，而只能按照事物的普遍本性来表述事物。如果两件事物结合进一件事物之中，那就没有任何东西能够阻止它们中的一个在没有另一个的情况下以感觉的形式被表象（representari）；因此，蜂蜜或一个苹果的颜色便能够在没有味觉的情况下为视觉所看到。理智也就同样能够藉从个体原则的抽象来理解普遍的本性。

[112]所以，虽然存在有一件为我和你所理解的事物，但是，它之被理解于我是一回事，于你却是另一回事，也就是说，我们是藉不同的可理解的种相进行理解的，从而，我的理解活动就不同于你的理解活动，我的理智也就不同于你的理智。因此，亚里士多德在《范畴篇》中说，知识若就其对象来说是单一的："关于语法的个体知识虽然是存在于一个主体，即灵魂之中的，但是却不能够说成是任何一个主体。"[1]因此，当我的理智（intellectus）将它本身理解（intelligit）成理解活动（intelligere）时，它就是在理解某个单一的活动。然而，当它单纯地理解理解活动时，它就是在理解某种普遍的东西了。同可理解性相抵牾的并不是单一性，而是物质性。因此，既然它们是非物质的个体事物，如我们在前面谈到独立实体时所说的那样，那就没有什么东西能够阻止这样的单个事物得到理解了。

① 亚里士多德：《范畴篇》，2，1a25—27。

135 [113]这样，在学生和教师之间何以能够存在有同一门科学就非常清楚了。因为虽然就所认识的事物来说是同一个，但是，就每一个人借以认识的可理解的种相来说却是不同的，就此而言，科学在你我之间是被个体化了的（indiuiduatur）。存在于学生身上的知识也不一定是由存在于教师身上的知识所产生的，像水的热是由火的热所产生的那样，而毋宁说像处于质料状态的健康是由存在于医生心灵中的健康产生出来一样。正如在病人身上，存在有健康的自然原则，医生给病人提供援助，以便健康得以完满起来，同样，在学生身上，也存在有知识的自然原则，亦即能动理智与第一自明原则。教师给学生提供一些援助，以便从存在于他们身上的原则推演出种种结论。这样，医生努力按照自然的方式予以治疗，亦即按照加热和冷却的方式予以治疗；同样，教师也是以一个人发现科学的方式，也就是以一个人自己通过从已知到未知获得它的方式引导到科学的。而且，正如病人身上的健康并不能由医生的能力产生出来，而只能由自然能力产生出来，知识也不能由教师的能力而毋宁由学生的能力在学生身上产生出来。

[114]至于进一步的反对意见，即如果他们的身体已经遭到破坏，但许多理智实体却依然存在，那就会得出结论说：它们将是冗余的。因为亚里士多德在《形而上学》第 11 卷中曾经证明说：如果存在有并不推动物体的独立实体，它们就将是一无用处的。① 但是，如果人们仔细地考察亚里士多德的文本的话，这一困难是容易

① 亚里士多德：《形而上学》，XII，10，1074a18—22。

解决的。因为亚里士多德在给出这一证明之前，曾经说过："不可推动的实体与原则可以理性地被认为有这么多，但是，具有'必然性'的论断则有待更有能力的思想家去做。"[①]由此看来，很清楚，他所追求的是一种盖然性，而非要求得到必然性。

[115]既然达不到其所设定的目的的事物都是冗余的，这些反 137
对意见甚至不可能盖然地说，独立实体如果不能够推动物体，它们就是冗余的，除非他们的意思是说：物体的运动乃独立实体的目的。然而，这是完全不可能的，因为目的比为了目的而存在的事物要更为高级一些。在这里亚里士多德也并没有得出结论说：如果它们不能推动物体，他们就将是冗余的，而是说："不受变化影响且依靠自身已经达到其最完好状态的每个存在者和每个实体，都必定被认为是目的。"[②]任何事物的最完满的状态，不仅是它自身中的善，而且，还在别的事物之中产生善。但是，独立实体究竟如何在低级物体中产生善，我们是不清楚的，除非藉一些物体的运动。因此，亚里士多德由此推出一个盖然证明，说明：天体显示出来了多少独立实体，也就存在有多少独立实体，虽然如他自己所说，这并不能要求任何必然性。

[116]我们不能不承认脱离了身体的灵魂并不具有其本性的终极完满性，因为它只是人的本性的一部分：任何一个部分，如果脱离

① 亚里士多德：《形而上学》，XII，10，1074a15—17。

② 亚里士多德：《形而上学》，XII，10，1074a19—20。

了其整体,就不可能具有完全的完满性。但是,也不应因此而灰心,因为人类灵魂的目的并不在于推动身体,而在于理解,如亚里士多德在《伦理学》第10卷中所说的那样,人类的幸福正在于此。[①]

139 [117]在推荐他们的错误意见时,他们还说道:如果许多人有许多理智的话,既然理智是不可朽坏的,那按照亚里士多德的观点,既然这个世界是永恒的,而人又是始终存在的,那就会存在有理智的现实无限性。阿尔加扎里在他的《形而上学》一书中在答复这种意见时,说道:“在没有他者即存在有这些东西中一个的任何一个事物中”,所谓“这些东西”意指的是量或无序的多,“无限性是不可能从中得到的,例如,天之运动就是这样一种情况。”后来,他还补充说:“同样,我们也肯认人的灵魂,在死亡时是可以与身体相分离的,在数目上是无限的,尽管它们还依然同时存在,因为在它们之间不复有任何自然的安排,这又是因为随着它们从身体的撤出处于自然状态中的灵魂不复存在的缘故。它们中没有一个是另一个的原因,而从本性上和位置上看,它们也是同时性的,是没有先后之分的。在它们之中,就其本性而言,是没有先后之分的,除非就它们的创造的时间论,才有可能如此。从它们的本质方面看,就其为本质而论,无论如何都是没有任何安排的,而在存在方面,它们也都是相等的,这与空间与物体以及原因与结果是不同的。”[②]

① 亚里士多德:《尼各马可伦理学》,X,10,1177a13—17。

② 《阿尔加扎里的形而上学》,40,23—25;41,1—10。

[118]我们不可能知道亚里士多德对这个问题的解决会是什么，因为我们并没有掌握亚里士多德在《形而上学》中处理独立实体的那一部分。在《物理学》第二卷中，哲学家说：关于形式，“可独立的实体的存在方式”，就其是独立的而言，“是第一哲学要定义的事情。”①但是，很显然，他关于这个问题所说的并不会使天主教徒烦心，因为他们认为这个世界是有开端的。

[119]他们荒谬地说，理智从数值上是不能够增多的，这一点对于所有进行哲学思考的人都是一项原则，即使对于拉丁人不是如此，但无论是对于阿拉伯人还是对于逍遥派，却都是如此的。然而，阿尔加扎里却是一个阿拉伯人，而不是一个拉丁人。阿拉伯人阿维森纳在《论灵魂》中也这样讲：“明智，愚蠢，意见，以及诸如此类的其他一些属性，只能够本质上即属于灵魂的本质。所以，灵魂在数值上并不是一个而是多个，虽然它们都属于一个种相。”②

[120]为了不漏掉希腊人，我们应当引证德米斯提评注中的话。因为当他问及能动理智究竟是一个还是多个的时候，他回答说：“第一个照明者虽然是一个，但是被照明者和照明活动却是多个：因为太阳虽然是一个，但是你却说光是以一定方式传递给视觉的。由于这层原因，亚里士多德就用光而不是太阳作比喻，但柏拉图却建议用太阳作比喻。”③从德米斯提的这些话中可以清楚地看 141

① 亚里士多德：《物理学》，II，4，194b13—15。

② 阿维森纳：《论灵魂》，111，15—20。

③ 德米斯提：《亚里士多德〈论灵魂〉注》，430a25；235，7—11。

到:不仅亚里士多德所讲的能动理智不是作为照明者的那个一,而且,可能理智也不是被照亮的东西。实际上只存在有一项照明原则,即一个确定的独立实体,它或者是实体,或者是终极理智,前者是就天主教徒而言的,后者则是阿维森纳的意见。[①] 德米斯提则依据师生理解同一件事物这样一个事实证明了这一独立原则的统一性,因为倘若不存在同一项照明原则,是根本不可能出现这样一种情况的。后来他所说的有人怀疑可能理智是否是一个这一点是确实无疑的。

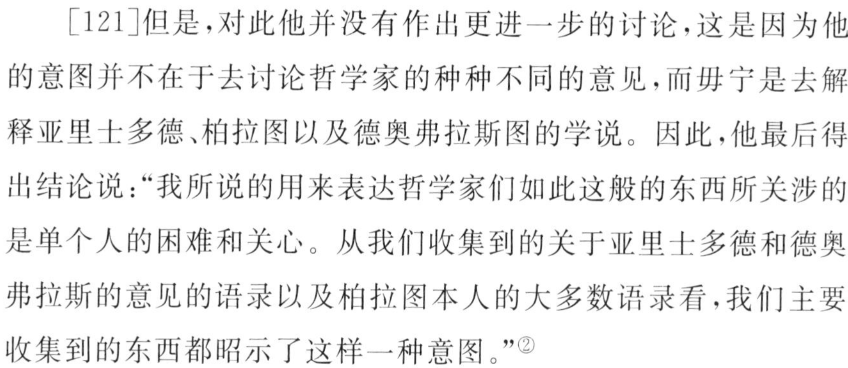

[121]但是,对此他并没有作出更进一步的讨论,这是因为他的意图并不在于去讨论哲学家的种种不同的意见,而毋宁是去解释亚里士多德、柏拉图以及德奥弗拉斯图的学说。因此,他最后得出结论说:“我所说的用来表达哲学家们如此这般的东西所关涉的是单个人的困难和关心。从我们收集到的关于亚里士多德和德奥弗拉斯的意见的语录以及柏拉图本人的大多数语录看,我们主要收集到的东西都昭示了这样一种意图。”[②]

所以,很显然,亚里士多德、德奥弗拉斯、德米斯提以及柏拉图本人都并没有坚持把所有的人只有一个可能理智作为一项原则。因此,很清楚,阿维洛伊歪曲地报道了德米斯提和德奥弗拉斯关于可能理智和能动理智的思想。所以,我们在前面把他说成是逍遥派哲学的叛徒是正确的。因此,一些人,仅仅查阅阿维洛伊的评

① 参阅阿维森纳:《形而上学》,威尼斯,1508年,IX,3;重印本,卢汶:书库版,1961年,104rbF。

② 德米斯提:《亚里士多德〈论灵魂〉注》,242,2—6。

注，就无端宣布他所说的是所有哲学家的共同观点，如果不是所有拉丁哲学家的共同观点，至少也是所有希腊哲学家和所有阿拉伯哲学家的共同观点，这该是何等令人惊奇呀！

[122]然而，让人更为惊奇，实在令人愤慨的是，一个宣称自己是基督宗教徒的人竟敢于如此不虔诚地言说基督宗教信仰，以至于说“拉丁哲学家”之所以“不应当把这”，即只存在有一个理智，“作为一项原则接受下来”，这“或许是因为他们的法律与之相左的缘故。”在这个问题上存在有两项罪恶：首先，让人怀疑这是否有悖于信仰；其次，是在赞同与法律不相容的东西。此后，他又说道：“这就是天主教徒持守他们看法的原因！”在这里，关于信仰的箴言(sententiam)竟被称作一种看法(positionem)！在他后来的肆无忌惮的宣称中，依然存在有这种武断的言论(presumptionis)，即由于存在有许多理智这一说法中确实蕴含有矛盾，上帝是绝不可能使之发生的。 143

[123]甚至更为严重的是接着而来的评论：“借助理性我必然得出结论说，理智虽然在数值上是一，借助信仰我坚定地持守相反的立场。”所以，他认为，信仰是关于那些其反面能够必然推出的东西；既然，能够必然得出结论的事物是一种其反面是荒谬的和不可能的必然真理，那由这种说法就能够得出结论说，信仰属于谬误的和不可能的东西，而这些东西即使上帝也不可能产生，即使在虔诚信仰时代也是不能容忍的。他不失鲁莽地讨论根本不属于哲学而仅仅属于信仰的东西，诸如灵魂遭受地狱之火的问题，并且说关于

这些事物的神学家们的学说应当受到谴责。运用同样的权力，人们也能够争辩三位一体、道成肉身以及诸如此类的问题，关于这些，他讲得非常轻率。

145 [124]因此，这就是我们为消除所提到的错误而写出的东西，我们所运用的是哲学家们本身的证明和学说，而不是有关信仰的文献。如果任何人以错误地称之为科学的东西来言说任何东西以答复我们所写的内容引以为豪的话，那就请他既不要偷偷摸摸地讲，也不要对那些根本不可能对这样一些艰难的问题作出判断的孩子们讲，如果有胆量的话，那就请以书面形式对此作出答复。他将会发现不仅我这个最卑微的人，而且，许多热情追求这一真理的其他人们，都将抵制他的错误，并且纠正他的无知。

附录:《论独一理智》导读

段德智　撰

托马斯·阿奎那不仅是一位最富创新精神的中世纪哲学家之一,而且也是一位最多产的中世纪哲学家之一。他的著作如果汉译过来,当在1500万字以上。他的著作可以分为四类:(1)注释类;(2)辩论类;(3)大全类(有《反异教大全》和《神学大全》两种);(4)小品类。他的小品类著作之所以被称作"小"品,只是由于相对于《大全》而言,其论题较为单一、其篇幅较为短小的缘故,若就其达到的理论深度而言,则一点也不逊于他的包括两个《大全》在内的所有其他类著作。其中相当一部分著作恰恰构成托马斯著作中最富形上意蕴、最具理论气象的作品。而《论独一理智》无疑是托马斯小品类著作中值得特别关注的一部。如果说《论存在者与本质》是托马斯早期小品中最杰出的一部的话,我们就不妨将《论独一理智》视为其晚年小品中最为杰出的一部。

一、托马斯著述《论独一理智》的哲学立场与学术背景

《论独一理智》写于1270年。其副标题为"驳阿维洛伊主义者"。托马斯为何要在这个时候写作这样一部著作呢?为要回答

这个问题，我们就不能不审视托马斯本人的哲学观，也不能不审视托马斯写作这样一部著作的学术背景。

在托马斯时代，流行着两种不同类型的哲学观：一是奥古斯丁主义的哲学观，一是阿维洛伊的哲学观。

奥古斯丁主义的哲学观在当时是一种占主导地位的哲学观。在奥古斯丁看来，存在有两种哲学，一种是“真正的哲学”，一种是“现世的哲学”。他所谓“现世的哲学”指的是古希腊罗马哲学，而他所谓“真正的哲学”指的是那种直接为基督宗教信条和教义辩护的哲学，而且也正是在这个意义上，他径直将哲学称作基督宗教学说，甚至将基督宗教称作真正的哲学。他的这样一种哲学观构成了后来流行的“哲学婢女(philosophia ancilla theologiae)”说的理论源头。在认识论和真理观上，奥古斯丁虽然提出过“我怀疑，故我存在”的著名命题，并且因此开了笛卡尔“我思故我在”的先河，但他的“光照说”却宣称：一切真理均来自“光照”，来自上帝；断言：“真理就是我们的上帝”，[①]“你们若不信，定然不能理解。”[②]由此看来，奥古斯丁虽然口头上也承认“现世哲学”的存在，但他实际上却对之采取了一种排拒主义或取消主义的立场。从这个意义上讲，现代托马斯主义者吉尔松谴责奥古斯丁“抛弃哲学”是一点也不为过的。[③]

① 奥古斯丁：《论自由意志》，第2卷，第14章，第37节。

② 参阅奥古斯丁：《论三位一体》，上海：上海人民出版社，2006年，第212—213页；也请参阅周伟驰：《记忆与光照》，北京：社会科学文献出版社，2001年，第68—69页。

③ Cf. Etienne Gilson, *The Spirit of Mediaeval Philosophy*, tr. by A. H. C. Downnes, New York: charles Scribner's sons, 1940, p. 9.

与奥古斯丁对哲学采取上述排拒主义或取消主义的神学扩张主义或神学僭越主义立场相反,阿维洛伊针锋相对地采取了一种分离主义的维护哲学独立地位的哲学自卫立场。阿维洛伊(Averroe,1126—1198)是西部亚里士多德主义最著名的代表人物,也是阿拉伯世界整个亚里士多德主义哲学运动的主要代表人物,以其名字命名的阿维洛伊主义即为阿拉伯世界整个亚里士多德主义的代名词。针对奥古斯丁将哲学真理归结为信仰真理或神学真理的做法,阿维洛伊提出了"双重真理"学说。阿维洛伊不仅断言:在"神学真理"或"经文真理"之外还另存在有"哲学真理"或"推证真理",而且还将哲学真理或推证真理视为第一真理或最高真理,视为判定神学真理或经文真理的基本标准,强调当神学真理或经文真理与哲学真理或推证真理的结论相一致时就对其作"字面的解释",当其与哲学真理或推证真理相冲突时,就对其作"寓言式的解释",从而使其与哲学真理或推证真理相一致。[①] 从这个意义上,在处理哲学与神学、理性与信仰关系问题上,我们不妨将阿维洛伊主义视为奥古斯丁主义的对立面。

从维护哲学相对独立性的立场出发,托马斯对奥古斯丁主义采取了批判的态度和立场。托马斯用以批判奥古斯丁主义的一项重要武器就是"双重真理"说。托马斯虽然也肯认信仰真理或神学真理,却并不认为信仰真理或神学真理是唯一的真理,而是断言:在"信仰真理"(veritas fidei)之外还另有一种真理,这就是"理性真

① Cf. Arthur Hyman and James J. Walsh ed., *Philosophy in the Middle Ages*, Indianapolis: Hackett Publishing Company, 1973, p. 292.

理”(veritas rationis)。而且,这种理性真理或哲学真理不仅关乎受造世界,而且还关乎信仰领域和神学领域,关乎造物主。因为藉着理性认识或“自然之光”,我们不仅可以认知上帝的存在而且还可以认识上帝的某些属性(如上帝独一)。① 据此,托马斯反对了哲学“婢女”(philosophia ancilla theologiae)说,视哲学为一门独立于“神学学科”的“学科”,②从而在一定意义上恢复和强调了犹太哲学家斐洛的哲学“主妇”说。③

然而,托马斯虽然批判奥古斯丁主义,强调和捍卫哲学的相对独立性,但他却并没有因此而陷入极端理智主义。早在教父哲学时期,基督宗教哲学的可能性和合法性就遭遇到了来自两个方面的挑战:一方面来自极端理智主义的挑战,另一方面来自极端信仰主义的挑战。极端理智主义者,如《真逻各斯》的作者塞尔修斯(Celsus),用理性拒斥信仰,用纯粹的哲学拒斥基督宗教神学。极端信仰主义者,如主张“唯其不可能,我才相信”的德尔图良(Tertullian,145—220),用信仰拒斥理性,用基督宗教神学拒斥哲学。然而,无论是极端理智主义,还是极端信仰主义,都有可能对基督宗教哲学采取取消主义的立场。因为既然基督宗教哲学是基督宗教信条和教义的理论化和系统化,则无论对宗教信仰还是对理性证明采取根本否定的态度和立场,都会使基督宗教哲学的可能性和合法性受到挑战、遭到否定。正是基于这样一种认识,作为中世纪经院哲学的主要代表人物,在哲学与神学、理性与信仰的关系问

① Thomae De Aquino, *Summa Contra Gentiles*, I, cap. 3, 2.

② Cf. Thomae de Aquino, Summa Theologiae, Ia, Q. 1, 1.

③ 参阅克莱门特:《杂文集》,第 2 卷,第 4 章。

题上,托马斯极力持"执两用中"的立场,即持一种既反对极端信仰主义也反对极端理智主义的中道立场,亦即理性辩护主义立场,不仅强调经院哲学与基督宗教信仰的兼容性,而且还致力于在经院哲学与基督宗教信仰的互动中将经院哲学和基督宗教神学推向新的高峰。其实,相对于塞尔修斯和德尔图良,奥古斯丁的"真正的哲学"也是一种理性辩护主义。奥古斯丁的理性辩护主义之所以需要批判,并不是因为它强调了基督宗教哲学与基督宗教信仰的兼容性,而是因为它歪曲了它们之间的兼容性,将这种兼容性理解成了基督宗教神学的僭越性,理解成了哲学学科的失身、取消或抛弃。由此看来,托马斯批判奥古斯丁主义的根本目标并非用哲学取代神学、用理性取代信仰,而是在于赋予哲学以某种相对对立的地位,使之能够在更大的范围内和更高的程度上将基督宗教信条理论化和系统化。

也正因为如此,托马斯对阿维洛伊采取了分析的态度和立场:一方面,托马斯对阿维洛伊的哲学功绩持非常积极的欢迎态度和立场,另一方面从一开始他对阿维洛伊的哲学观点又总是持某种保留态度。托马斯可以说是阿维洛伊主义拉丁化的始作俑者之一。例如,托马斯可以说是拉丁世界最早一批关注和阐述"双重真理"学说的拉丁学者。在他的早期著作《反异教大全》中,托马斯就对他的双重真理论作出过较为详尽和系统的说明。针对当时经院哲学界依然强势流行的奥古斯丁的独一真理观,托马斯指出:"使真理得以认识的方式并不总是一样的",他不仅宣称:在"信仰真理"(veritas fidei)之外还另有一种真理,这就是"理性真理"(veritas rationis),而且还宣称:理性真理范围很广,不仅涵盖自然哲学

(物理学)、数学、本体论、认识论、美学和伦理学等,而且还涵盖一部分神学内容。他强调说:“在关于上帝我们所信仰的东西中,存在着真理的两种样式(duplex veritatis modus)。有些关于上帝的真理是超乎人的理性的整个能力之外的。上帝既为三个又为一个(trinum et unum),即是这种类型的真理。但是,也存在着一些真理,是人的理性所能企及的。上帝存在,上帝独一等等,即是这种类型的真理。事实上,关于上帝的这样一些真理,哲学家们藉推证已经证明过,而这种推证则是在自然之光的指导下进行的。”①

事实上,双重真理论并不只是托马斯《反异教大全》中的一个问题,而且还是一个贯穿于其整个哲学和神学体系各个环节的全局性问题。一如他自己在《反异教大全》第1卷第9章中所说,他在该书第1—3卷中所讨论的主要是“理性探究的真理”(veritatis quam ratio investigat),②即“理性真理”,而在第4卷中着重探讨的则是信仰真理。在具体谈及第1—3卷的内容时,托马斯指出:“我们的目标在于遵循理性的方式阐述和探究人类理性对于上帝所能研究的东西。根据这一目标,我们首先考察的将是属于上帝自身的东西。其次是考察上帝创造受造物的过程。最后是考察受造物达到作为其目的的秩序。”③这就是说,在托马斯看来,关于神学问题的理性真理主要有三个方面的内容。首先是关于上帝自身的问题(上帝论)。这是《反异教大全》第1卷的主题内容。该卷主要阐述了上帝的存在、上帝的属性(诸如现实性、单纯性、完满性、

① Thomae De Aquino, *Summa Contra Gentiles*, I, cap. 3, 2.
② Cf. Thomae De Aquino, *Summa Contra Gentiles*, I, cap. 9, 3.
③ Thomae De Aquino, *Summa Contra Gentiles*, I, cap. 9, 4.

善、独一性、无限性)、上帝的理智、上帝的知识、上帝的意志、上帝的德性和真福等。其次是创造问题(创造论)。这是《反异教大全》第2卷的主题内容。该卷主要阐述了创造的主体问题、创造的本质问题、宇宙永恒问题、万物区分问题、理智实体问题、人的复合结构问题、人的理智问题、人的灵魂问题、灵智实体(天使)问题等。第三是天道问题(天道论)。这是《反异教大全》第3卷的主题内容。该卷主要阐述了上帝自身乃万物的目的、上帝对万物的治理和上帝对理智受造物的治理等问题。第4卷则着重讨论信仰真理,亦即"超乎理性的真理"(veritatis rationem excedit)。[①] 该卷主要阐述了三位一体、道成肉身、圣事论、肉体复活、肉体荣光、末日审判和新天新地诸问题。构成其中心内容的则是一个救赎问题。托马斯用来阐述理性真理和信仰真理的方法不同。用他自己的话说就是:在阐释理性真理时,"我们将既开展推证的证明,也开展盖然的证明。其中的一些证明我们将从哲学家们和圣徒们的著作中获得",但是,在阐释信仰真理时,"我们"将"尽可能地应用盖然的证明和权威作品"。[②] 然而,这并不意味着在《反异教大全》中,对理性真理的阐释和对信仰真理的阐释是两个完全独立、绝对隔绝的系统。正相反,托马斯从两个方面强调了他对这两条真理的阐释的相关性和对应性。首先,从宏观上讲,托马斯强调了阐释理性真理的道路与阐释信仰真理的道路的同一性。他指出:"既然自然理性通过受造物能够攀升到关于上帝的知识,而信仰的知识也能

---

① Cf. Thomae De Aquino, *Summa Contra Gentiles*, I, cap. 9, 3.

② Thomae De Aquino, *Summa Contra Gentiles*, I, cap. 9, 3.

够通过上帝的启示从上帝降临到我们身上，既然上升的道路和下降的道路是同一条道路，我们在受到信仰的超乎理性的事物上行进的道路与我们在前面用理性探究上帝时所行进的道路便必定是同一条道路。”[①]这就是说，《反异教大全》在阐释理性真理和阐释信仰真理时所遵循的完全是同一条道路，其差异只在于路向方面：阐释理性真理时所遵循的是一条上升的道路，一条从受造物到上帝的道路，阐释信仰真理时所遵循的则是一条下降的道路，一条从上帝到受造物（人）的道路。其次，从微观上讲，《反异教大全》前三卷阐释理性真理的基本环节与第四卷阐释信仰真理的基本环节也是一一对应的。例如，在《反异教大全》的第1卷，托马斯讨论的是上帝本身，而在第4卷的第一部分，托马斯讨论的是三位一体，也是上帝本身。再如，在《反异教大全》的第2卷中，托马斯讨论的是创造问题，在第4卷第二部分中，托马斯讨论的是道成肉身问题，两者都属于上帝的作为，所不同的只是，前者涉及的是万物的受造，后者涉及的是圣子的受生。最后，在《反异教大全》第3卷中，托马斯讲的是上帝对万物和人的主宰和治理，而在第4卷第三部分，托马斯讲的是肉体的复活和灵魂的永福等问题，虽然题材有别，但突出的却都是作为终极目的的上帝。[②] 因此，虽然逻辑地看，存在有理性真理和信仰真理这样两种真理，但是，在具体的阐释活动中，托马斯却是紧密地将其结合在一起的。

由此看来，托马斯虽然也主张双重真理论，但他的双重真理论

---

① Thomae De Aquino, *Summa Contra Gentiles*, I, cap. 9, 3—5.

② Thomae De Aquino, *Summa Contra Gentiles*, 4, cap. 1, 11.

与阿维洛伊的双重真理论之间还是存在有许多重大差别的。首先,无论是阿维洛伊的双重真理论还是托马斯的双重真理论都强调了两种真理之间的区分和哲学的独立性,但是,与阿维洛伊不同,托马斯在肯认和强调两种真理区分的基础上又进一步强调了这两种真理之间的一定程度的统一性和兼容性。例如,托马斯断言即使"在对于上帝我们所信仰的东西中"也同样存在有理性真理。再如,即使对于那些超乎理性的信仰真理,我们的理性也能有所作为。这在事实上就等于宣布理性真理与信仰真理是一种部分重合的关系。而在阿维洛伊及其后继者西格尔(Sigerus de Brabant,1240—1284)那里,更多强调的则是两种真理之间的平行关系。例如,西格尔就曾明确宣布:"不应该以理性研究高于理性的东西,也不要证明理性的错误。"[①]其次,与阿维洛伊为强调理性和哲学的独立性和崇高地位而将哲学称作"最高真理"不同,[②]托马斯虽然也注重强调理性和理性真理的独立性和崇高地位,但他却并没有因此而否定和贬低信仰真理。诚然,托马斯与阿维洛伊一样,也将其主要精力放在对理性真理的阐述上,但是,托马斯的这些阐述始终是在两种真理并存的框架内进行的,是在强调信仰真理的"确定性"和"无误性"的前提下进行的。[③] 不仅如此,托马斯还特别强调了他的双重真理论的提法的相对性,断言:"我现在

① Etienne Gilson, *History of Christian Philosophy in the Middle Ages*, New York: Random House, 1955, p. 720.

② Cf. David Knowles, *The Evolution of Medieval Thought*, London: Longmans, 1962, p. 200.

③ Cf. Thomae de Aquino, *Summa Contra Gentiles*, I, cap. 4, 6.

所讲的'关于上帝事物的两种真理'(duplicem veritatem),不是就上帝自身(ex parte ipsius Dei)而言的,因为上帝是唯一而单纯的真理,而是从我们的知识的观点出发(ex parte cognitionis nostrae)考虑问题的,我们的知识是以各种不同的方式相关于上帝事物的知识的。"[①]就一种抽象的理论看,阿维洛伊的双重真理论无疑具有远为彻底的理智主义色彩,在中世纪的哲学语境中也无疑具有更为激进的理论品格,但是,如果我们考虑中世纪经院哲学的生存环境,考虑到经院哲学之为基督宗教信仰及其教义的理论化和系统化这一基本规定性,则我们就不难看出:正是托马斯双重真理论的这样一种中庸品格,才保证了中世纪经院哲学的可能性、合法性和可行性。而且,也正是托马斯与阿维洛伊在双重真理论方面所存在的这样一些重大差别,埋下了托马斯日后撰写《论独一理智》批评阿维洛伊主义的种子。

然而,托马斯撰写《论独一理智》批评阿维洛伊主义还有一项更为直接的学术原因,这就是他在灵魂学说和理智学说方面与阿维洛伊的重大差异。阿维洛伊明确地将人的灵魂和理智区别来开。一方面,把个人灵魂看作附属于人的身体的形式,是随着人的身体的死亡而消亡的;另一方面,把理智看作是外在于个人灵魂的能动理智在人的灵魂中造成的结果,是独立于人的个人身体的,其存在是不受个人身体的死亡的影响的。在理智学说方面,阿维洛伊将理智区分为"物质理智"或"接受理智"、"思辨理智"和"能动理智",[②]不仅从原则上取消了人类理智的相对独立性,将物质理

---

① Thomae de Aquino, *Summa Contra Gentiles*, I, cap. 9, 1.

② Cf. Arthur Hyman and James J. Walsh ed., *Philosophy in the Middle Ages*, p. 321.

智和思辨理智转换成了能动理智的一种产物和一种变形,强调理智的统一性和单一性,而且还突出地强调了理智的精神性、单纯性、永恒性和独一性。阿维洛伊认为,不仅外在于人类灵魂的能动理智对于全人类来说是独一的,而且即使物质理智和思辨理智对于整个人类来说也是独一的。他论证说,物质理智,尽管"按照被接受的形式(想象的形式)来说,它们是多",但是,"这些可理解的东西,若按照接受者(物质理智)来看,它们则是一"。因为物质理智所有的"自然本原",所具有的"第一命题和个体概念"都是"整个人类所共有的"。思辨理智也是如此。因为虽然就"被接受的形式(想象的形式)"而言,思辨理智是"多",但是,倘若从"被接受的内容"看,即从"可理解的东西",亦即从"全人类所共有的第一命题和个体概念"看,"思辨的理智在所有的人中则是'一'"。[①] 不难看出,在灵魂学说和理智学说方面,阿维洛伊虽然常常打出亚里士多德的旗号,但他却常常偷运柏拉图主义和奥古斯丁主义的货色,在实在论与唯名论的对峙中实际上持实在论的立场。

与阿维洛伊将人的理智(能动理智)与人的灵魂断然分开的立场不同,托马斯强调人的理智并非一种外在于人的灵魂的独立实体,而只是人的灵魂的一种能力。他还进一步强调说:人的理智能力从根本上讲,只是一种"被动能力"(potentia passiva)。他解释说,所谓被动或被动性,所意指的是事物的潜在性,"凡从潜在过渡到现实的东西都可以说成是被动的,甚至当它完满化的时候亦复如此"。[②] 既然唯有上帝的理智是"纯粹的现实","没有什么受造

① Arthur Hyman and James J. Walsh ed., *Philosophy in the Middle Ages*, p. 321.

② Thomae de Aquino, *Summa Theologiae*, Ia, Q. 79, a. 2.

的理智能够成为一种相关于整个普遍存在的现实”，那就没有什么受造的理智能够没有被动性，“没有什么受造的理智能够由于它的存在而成为所有可理解的形式的现实，而是相对于这些可理解的事物来说是一种潜在和现实的关系”。[①] 托马斯之所以在认识论上持守从外物到概念、从感觉到理智的致思路线，其依据正在于他的“被动理智”说。诚然，为了解说人类认识的抽象活动，托马斯也承认有所谓能动理智问题。但与阿维洛伊将能动理智视为一种独立的实体不同，托马斯不仅强调人的能动理智“只能是某种存在于灵魂中的东西”，只能是人的灵魂的一种能力，[②]而且还进一步强调人的能动理智与其说是人的灵魂的一种单独的能力，毋宁说是人的理智的一种属性，亦即人的理智的能动性，亦即我们的认识从可感形式抽象出可理解的形式的可能性。正因为如此，托马斯常常将能动理智称作认识论上的一种“设定”。[③] 既然托马斯在理智学说和灵魂学说方面与阿维洛伊存在有如此尖锐的对立，则他之清算阿维洛伊的“独一理智论”也就只是一个时间上的问题了。

然而，尽管在双重真理论和理智学说方面，托马斯与阿维洛伊的重大差异使得托马斯撰写《论独一理智》驳斥阿维洛伊主义成为一件完全可以理解、甚至可以预期的事情，但却不足以解释托马斯何以会在1270年撰写这部作品。而要解释这个问题，我们就必须对托马斯撰写《论独一理智》的当下环境作出说明。

原来在13世纪60年代末70年代初，在西欧发生了一件无论

---

① Thomae de Aquino, *Summa Theologiae*, Ia, Q. 79, a. 2.

② Thomae de Aquino, *Summa Theologiae*, Ia, Q. 79, a. 4.

③ Thomae de Aquino, *Summa Theologiae*, Ia, Q. 84, a. 3.

对于经院哲学还是对于中世纪基督宗教教会都是一件至关紧要的事情,这就是:在经院哲学界和基督宗教界开始了一场声势浩大的对拉丁阿维洛伊主义的大谴责运动。最早向阿维洛伊主义发难的是方济各会的神学教席执掌者(1266—1267)巴格里奥的威廉(William of Baglione)。威廉谴责阿维洛伊主义中有三个危险的学说。这就是:(1)"独一理智学说";(2)"世界永恒学说";(3)"炼狱学说"(火净化受诅咒灵魂学说)。他谴责这三个学说不仅是荒谬的和谵妄的,而且是邪恶的和有害的。紧接着,奥古斯丁主义的主要代表人物、方济各会会长波那文都(Bonaventura,1221—1274)1268年在神学演讲中,公开批判阿维洛伊主义,宣布阿维洛伊主义有败坏经典、信仰和智慧三大罪状,是一种异端。[1]方济各会对阿维洛伊主义的批判助长了基督教会内部的思想专制主义。1270年11月10日,巴黎主教斯蒂芬·唐比埃(Stephen Tempier)颁布了关于阿维洛伊主义的禁令。该禁令谴责阿维洛伊主义有13项错误,包括"独一理智论"、"个人灵魂有朽"、"世界永恒"及"否定第一个人"、否定"意志自由"和"上帝恩典"。其内容与威廉和波那文都谴责的如出一辙,只是加上了"革除所有继续有意讲授与肯定它们的人的教籍"的教令。[2] 托马斯的《论独一理智:驳阿维洛伊主义者》就是在这样的学术环境和学术气氛中撰写出来的。

应该说,方济各会学者和巴黎主教蒂芬·唐比埃对阿维洛伊主义的谴责也是事出有因的,甚至也有迫不得已而为之的情势。

① Cf. Etienne Gilson, *History of Christian Philosophy in the Middle Ages*, New York:Random House,1955,p. 720.

② Cf. M. Harren, *Medieval Thought*, MaCmillian,1985,pp. 198—199.

阿维洛伊所倡导的激进亚里士多德主义，虽然生前曾一时轰动了阿拉伯哲学界，并对拉丁世界产生了一定的影响，但“在日渐保守的穆斯林氛围中，阿维洛伊提倡的这种伊斯兰哲学随着他的去世而消亡。阿维洛伊没有重要的穆斯林门徒，他的书被阿拉伯读者遗忘了”。所幸的是，“犹太人和基督宗教徒对阿维洛伊有着浓厚的兴趣；……基督教徒读拉丁语译本。从13世纪开始人们把阿维洛伊对亚里士多德的注释和原著放在一起读，这些注释本又产生注释；拉丁（更小的范围是希伯来）阿维洛伊主义出现了，它把阿维洛伊主义当作自己的先锋。”[①]至13世纪中叶，阿维洛伊主义不仅进入了拉丁哲学的心脏地带——巴黎大学，而且随着大阿尔伯特、波那文都和托马斯的相继离职，一时竟成了巴黎大学讲坛上的主流思潮。拉丁阿维洛伊主义的主要代表人物是布拉邦的西格尔。布拉邦的西格尔（Sigerus de Brabant，1240—1284）是巴黎大学艺学院教授，其著作主要有《〈论灵魂〉第三卷注》和《论世界的永恒性》。在《〈论灵魂〉第三卷注》中，西格尔从极端实在论的立场处理个人灵魂和人类理智的关系，否认个人灵魂的实在性，强调人类理智的实在性。在《论世界的永恒性》中，西格尔同样从极端实在论立场出发论证和强调世界产生于先于世界而存在的任何东西，从而“论证”了世界的永恒性。[②] 尽管西格尔声言，他在这些著作中所阐述的观点只是“大哲学家（指亚里士多德。——引者注）的意

① 参阅马仁邦：《中世纪哲学》，孙毅、查常平、戴远方、杜丽燕、冯俊等译，冯俊审校，北京：中国人民大学出版社，2009年，第57页。

② 对于西格尔的《论世界的永恒性》，托马斯在1270年完成《论独一理智》之后紧接着于1271年写出《论世界的永恒性》予以驳斥。

见”,他本人并未“肯定”这些意见是否“正确”,[①]但从他的这些论点中显然能够得出一些与基督宗教教义相左的结论。例如,从他所宣扬的独一理智论无疑可以引申出个人的理解力有错误和个人灵魂有朽的结论,从他所宣扬的世界永恒的观点无疑可以引申出否认上帝创世的结论。正因为如此,无论是当时的基督宗教教会还是方济各会学者都将拉丁阿维洛伊主义视为异端,结成统一战线谴责和鞭挞拉丁阿维洛伊主义。

当时的基督宗教教会和方济各会学者之所以结成统一战线对阿维洛伊主义进行大谴责和大鞭挞还在于他们深切地感受到阿维洛伊主义在巴黎大学艺学院的流行孕育有从根本上颠覆基督宗教传统教育体系、从而从根本上瓦解基督宗教道统的危险倾向。按照中世纪大学的传统建制,大学一般设置艺学院、神学院、法学院和医学院四个学院。在这四个学院中,艺学院是大学中一个最为基本的学院。在当时,艺学院为大学的本科教育单位,所有的大学生都必须在艺学院先行完成本科教育,才有可能开始接受神学、法学和医学的专科教育,获得相应的硕士学位。换言之,一个大学生只有在艺学院获得学士学位之后,才有可能进入神学院学习,获得神学硕士学位,才有可能成为神学教师。然而,至13世纪中叶,艺学院竟然成为阿维洛伊主义的一统天下,而这就意味着具有异端倾向的阿维洛伊主义者将不仅可能进入基督宗教神学教师队伍,而且还有可能成为基督宗教神学教师队伍的主体,从而将基督宗

① Cf. Arthur Hyman and James J. Walsh ed., *Philosophy in the Middle Ages*, p. 455.

教神学乃至整个基督宗教教会组织引上歧途。正是出于这样一种警觉，基督宗教教会动员了多方面的力量，对方兴未艾的阿维洛伊主义实施大谴责和大围剿。[①] 而这样一种大谴责和大围剿也就将托马斯逼上了当即表态的处境。

使托马斯更为难堪的是，方济各会学者和基督宗教教会在谴责和围剿阿维洛伊主义的同时直接将矛头对准亚里士多德主义和托马斯本人。方济各会学者和基督宗教教会的这样一种做法虽然有捕风捉影之嫌，但也确实事出有因。众所周知，阿维洛伊极其推崇亚里士多德，称赞亚里士多德"卓绝超群"，称赞他这个人"达到了人性可以获得的最高尊严"，"他的理智是人类理智的极限"，他的学说是"最高真理"。[②] 不仅如此，阿维洛伊对亚里士多德哲学可能具有的异端观点也并非无所知觉。在阿维洛伊时代，阿拉伯哲学家阿尔加扎里（Al-Ghazali，1058—1111）就曾非常突出地强调亚里士多德哲学中存在有"必须被认作是无信仰的"和"必须被认作是异端的"东西，他本人即以区分亚里士多德哲学中"完全不可否认的"内容与"必须被认作是无信仰的"和"必须被认作是异端的"内容为己任。在《哲学家们的矛盾》中，阿尔加扎里曾一口气指出了亚里士多德哲学存在的 20 个错误，并且指出其中有三个是"不信教的"或异于所有伊斯兰教神学的错误。它们是：(1)"对肉体来说不存在死后复活；受到奖赏或惩罚的只是灵魂；奖赏和惩罚是

① 长期以来一直流行着这样一种说法，认为托马斯本人 1268 年调离罗马重返巴黎的根本原因在于他受罗马教廷派遣前往巴黎反对和抵制该地区的阿维洛伊主义。

② Cf. D. Knowles, *The Evolution of Medieval Thought*, London: Longmans, 1962, p. 200.

精神上的,不是肉体上的”;(2)“神认识共相而不认识殊相”;(3)“世界是永恒的,没有开端或结束”。[1] 而阿维洛伊在《论宗教与哲学的一致》等著作中则用他的双重真理论针锋相对地反对阿尔加扎里的这一观点,宣称:“哲学并不包含任何反乎伊斯兰教的东西。”[2] 而托马斯不仅非常推崇亚里士多德,而且对阿维洛伊的双重真理论和哲学革新精神也非常赞赏。更何况亚里士多德确实构成了托马斯主义的哲学基础。

上述种种情势都迫使托马斯站出来从两个层面说话。从派别纷争层面看,托马斯必须在两条战线作战:一方面反对阿维洛伊主义,另一方面又反对波那文都主义。从学理层面看,托马斯也必须在两条战线作战:一方面反对保守的奥古斯丁主义,另一方面又反对激进的亚里士多德主义。托马斯之所以必须反对阿维洛伊主义,不仅是因为阿维洛伊主义即使不等同于基督宗教异端,也为基督宗教异端洞开了方便之门。托马斯之所以必须反对波那文都主义不仅是因为波那文都主义持守了一种保守的奥古斯丁主义立场,而且还因为波那文都主义在谴责阿维洛伊主义的同时也谴责了亚里士多德主义。托马斯之所以必须反对保守的奥古斯丁主义,乃是因为在托马斯看来,奥古斯丁主义不利于基督宗教教义的理论化和系统化,是一种应当和必须超越的东西。托马斯之所以必须反对激进的亚里士多德主义,并不是因为阿维洛伊主义复兴

① Algazali, *Deliverance from Error*, III, 2, in Arthur Hyman and James J. Walsh ed., *Philosophy in the Middle Ages*, p. 271.

② Cf. Arthur Hyman and James J. Walsh ed., *Philosophy in the Middle Ages*, p. 292.

了亚里士多德主义，而是因为它歪曲了和滥用了亚里士多德主义。因此，托马斯所面临的最为根本的学术任务在于，拨乱反正，正本清源，回到亚里士多德本身，对亚里士多德作出本真的创造性的诠释，创造出一种既符合时代潮流又符合亚里士多德哲学和基督宗教教义的新的经院哲学形态。可以说，托马斯在《论独一理智：驳阿维洛伊主义者》中所贯彻的即是这样一条致思路线。

二、理智实体论既非亚里士多德的观点，也非其他逍遥派的观点

《反异教大全》一如其名称所昭示的，是一部反驳异教观点、捍卫基督宗教信仰和基督宗教教会的论著。然而，这样一部宗教意图极其鲜明的论著却不是直接藉基督宗教信条而是藉“自然理性”或哲学推证撰写出来的。托马斯在谈到自己采取这样一种写作策略的缘由时，曾经非常理智地写道：“伊斯兰教徒(Mahumetistae)和其他异教徒，并不和我们一样，接受任何《圣经》的权威，他们是不可能借《圣经》认识到他们的错误的。因此，对犹太人，我们能够借助于《旧约》同他们辩论，而对异端(haereticos)，我们则可以借助于《新约》进行辩论。但是，伊斯兰教徒和异教徒是既不接受《旧约》也不接受《新约》的。所以，我们必须诉诸自然理性(naturalem rationem)，因为对自然理性，所有的人都是不能不认同的。”[①]由于托马斯采取了这样一种写作策略，《反异教大全》因此而具有哲学

① Thomae De Aquino, *Summa Contra Gentiles*, I, cap. 2, 4.

著作的性质，并且因此也赢得了后人《哲学大全》的赞誉。现在，当我们审视《论独一理智》时，我们也发现了托马斯同样的写作策略。如前所述，阿维洛伊主义者，主张理智是一种脱离人的身体而存在的实体。这样一种主张不仅与经院哲学相冲突，而且也与基督宗教信仰相冲突。然而，在《论独一理智》里，托马斯虽然也提及独一理智论与基督宗教信仰的不兼容性及其可能具有的异端性质，但他的工作则在于表明独一理智论同“哲学原理”的对立。[①] 换言之，在《论独一理智》里，托马斯开展的是一种哲学批判，而非宗教批判或神学批判。《论独一理智》因此，也就与《反异教大全》一样，从整体上看属于一部哲学著作，而非宗教著作或神学著作。

阿维洛伊的理智学说(亦即“独一理智论”)，一如托马斯在“引言”中所概括的，包含两个方面的内容:一是他的“理智实体论”，“断言理智是一种实体(substantiam)，它脱离身体而独立存在，而不是作为身体的形式(forma)同身体结合在一起的”;一是他的“理智独一论”，断言:“这种可能理智(intellectus possibilis)对所有的人都只是一个(unus)”。[②] 既然如此，托马斯对阿维洛伊的独一理智论的批判也就主要是围绕他的独一理智论的这两项内容展开的。如果说《论独一理智》的前面三章着重批驳的是阿维洛伊的“理智实体论”的话，《论独一理智》的后面两章着重批驳的则是阿维洛伊的“理智独一论”。当然，托马斯在《论独一理智》中有破有立:他在前面三章中破的是阿维洛伊的“理智实体论”，立的是他自

① 参阅托马斯·阿奎那:《论独一理智——驳阿维洛伊主义者》，引言，第2节。

② 参阅托马斯·阿奎那:《论独一理智——驳阿维洛伊主义者》，引言，第1节。

己的“理智能力论”；他在后面两章里破的是阿维洛伊的“理智独一论”，立的是他自己的“理智复多论”。

托马斯对阿维洛伊理智实体论的批判和对自己理智能力论的论证又可以进一步区分为两个层面的内容：一是论证理智实体论既非亚里士多德的观点，也非其他逍遥派的观点，一是论证他自己的理智能力论。《论独一理智》的第1、第2两章承担的是第一项任务，第3章承担的则是第二项任务。

《论独一理智》第1、第2两章有57节之多，约占全书近二分之一的篇幅。这说明托马斯是非常重视诉诸亚里士多德和其他逍遥派这些哲学权威的。这是不难理解的，既然他的论敌阿维洛伊主义者是打着亚里士多德的旗号来贩卖其理智实体论的，既然方济各派学者也和阿维洛伊主义者一样，将亚里士多德主义视为阿维洛伊主义的理论基础，从而在谴责阿维洛伊主义者的独一理智论的同时也将谴责的锋芒指向亚里士多德，并进而影射真正奠基于亚里士多德主义的托马斯主义者，在这种情况下，回到亚里士多德，让亚里士多德自己及其忠实信徒——其他逍遥派站出来说话，就是澄清事实、驳倒论敌和保护自己的最有效的方式了。

在《论独一理智》各章中，第一章最长，有48节，约占全著五分之二的篇幅。该章的中心内容在于通过对亚里士多德的原典《论灵魂》和《物理学》的文本分析，表明亚里士多德并没有教导过理智乃独立存在于人的身体之外的实体这样一种观点。[①] 在这一章中，托马斯讨论和阐述的中心问题是亚里士多德的灵魂观。这是

① 在《论独一理智》第1章中，托马斯着重考察的是亚里士多德的《论灵魂》。

因为在托马斯看来,人的理智问题归根到底是一个人的灵魂的能力问题。在阐述亚里士多德的灵魂观时,托马斯主要讨论了两个问题:一是灵魂的本质问题,一是灵魂的能力问题。

在亚里士多德时代,有两种流行的灵魂观:一些人将灵魂视为独立的实体,另一些人则持二元论立场,将灵魂与身体视为两种独立的实体。柏拉图在《斐多篇》里阐述的就是第一种灵魂观。亚里士多德认为,既然我们的感情、知觉、编织和建筑等活动都不仅仅是灵魂的活动,我们就不应当将灵魂视为独立的运动实体。在谈到第二种灵魂观时,亚里士多德认为既然存在于灵魂与身体之间的是一种内在的、必然的联系,我们就不应当将其归结为两种实体之间的外在关系。[1] 因此,亚里士多德总是在灵魂与身体的关联中来界定灵魂。他给灵魂下的第一个定义即是:"灵魂是物质有机体(corporis phisici organici)的第一现实(actus primus)"。[2] 亚里士多德之所以给灵魂下这样一个定义,乃是因为在亚里士多德看来,不只人有灵魂,凡是有生命的事物(即他所谓"物质有机体"),如植物、动物等,都有灵魂。亚里士多德在这个定义中将灵魂称作"现实",其潜台词是:相对于灵魂,形体(corporis)只是一种"潜在"的东西。亚里士多德不仅用现实和潜能来解释灵魂与身体的关系,而且还用形式和质料来解释灵魂与身体的关系。他给灵魂所下的另一个定义是:"灵魂是潜在地具有生命的自然形体的形式"。这就把灵魂与身体的不可分离性明确无误地强调出来了。[3] 因为

① 亚里士多德:《论灵魂》,408b1—15、407b13—26。

② 亚里士多德:《论灵魂》,412b5。

③ 亚里士多德:《论灵魂》,412a20。

既然灵魂与身体之间是现实与潜能、形式与质料的关系，则一方面身体便需要灵魂以获得其自身的现实性，而灵魂也就因此而需要身体作为自身活动的载体（质料），以实现和展开自己的本性。由此看来，灵魂与身体的关系恰如视力之于眼睛，锋利之于斧头，是相互依存不能分离的。亚里士多德据此强调说："灵魂既不是身体，也不脱离身体而存在。它不是身体，但属于身体，并存在于适合于它的身体之中。"①

与这样一种灵魂本质说密切相关的是灵魂的能力问题。灵魂是身体的现实和形式，身体是灵魂的潜能和质料，这个说法本身即内蕴有灵魂的能力问题。如上所述，一切有生命的事物都有灵魂。鉴于有生命的事物分为三大类：植物、动物和人，灵魂也就相应地具有三大类：植物灵魂、动物灵魂和人类灵魂。植物灵魂的能力是消化和繁殖。动物灵魂除具有植物灵魂的能力外，还具有感觉、欲望和运动的能力。人类灵魂除具有植物灵魂和动物灵魂的能力外，还具有理性思维的特殊能力。鉴于感性活动是动物的最普遍的特征，理性思维是人类灵魂的本质特征，故而动物灵魂被称作感性灵魂，人类灵魂又被称作理性灵魂。亚里士多德据此将人界定为"理性的动物"。众所周知，与奥古斯丁持"多型论"的立场不同，亚里士多德持守的是"单型论"立场。既然人的灵魂是人的身体的现实和形式，则人的灵魂便不仅具有营养能力和感性能力，而且同时还具有理性能力。尽管如此，亚里士多德在讨论人的灵魂的各种能力时，还是特别地强调了人的灵魂的理性能力。他也正

① 亚里士多德：《论灵魂》，414a19。

是基于这一点而将人界定为“理性的动物”的。而且,与柏拉图将“理性”与“理智”区分开来的做法不同,在亚里士多德这里,理性与理智是统一的。因此,在研究人的灵魂问题时,亚里士多德特别注重研究人的理智问题。他强调说:“关于理智的问题,它在何时、如何、从哪里被有理智的人所悉知,是一个最令人困惑的问题,我们必须尽我们所能,解决能被解决的问题。”[①]

那么,在亚里士多德那里,理智究竟有一些什么样的规定性呢?

第一,在亚里士多德看来,理智是灵魂的一种能力。在谈到灵魂可能具有的各种能力(potentie anime)时,亚里士多德不仅列出了“营养能力、感觉能力、欲望能力、运动能力”,而且还列出了“理智能力(intellectiuum)”。[②] 而且,在亚里士多德看来,“灵魂的一种能力”不仅是人的理智的一种规定性,而且还是人的理智的最根本的规定性。正是在“灵魂的一种能力”乃人的理智的最根本的规定性的意义上,亚里士多德在谈到人的灵魂的能力时,有时径直将人的灵魂的理智能力宣布为“理智(intellectus)”。[③] 据此,托马斯宣布:亚里士多德是主张“理智是灵魂的一种能力”,而不是像阿维洛伊主义者所说的那样,将理智视为独立于人的身体之外的实体的。[④]

第二,在亚里士多德看来,相对于感觉能力,理智是灵魂的一种单纯的能力。理智与感觉的一项重要差别在于:感觉不可能认识一切,例如,视觉只认识颜色,听觉只认识声音;反之,理智却能

① 亚里士多德:《论动物的繁殖》,736b5—8。

② 亚里士多德:《论灵魂》,414a31—32。

③ 亚里士多德:《论灵魂》,414b18。

④ 参阅托马斯·阿奎那:《论独一理智——驳阿维洛伊主义者》,第1章,第12节。

够认识无论什么样的所有事物。据此,一些哲学家(如恩培多克勒)就依据同类相知说断言:理智是复合的,是由所有事物组合而成的。亚里士多德却据此得出了相反的结论:“理智,由于它认识一切事物,也就必定是不掺杂任何东西的”。亚里士多德强调说:理智只是灵魂的一种能力,“它除了具有某种接受能力之外,根本没有属于它自己的任何本性”。[①]

第三,在亚里士多德看来,相对于感觉能力,理智是灵魂的一种独立的“不与身体交融”的能力。感觉离不开身体或感觉器官,或者说是依赖身体或感觉器官的。但理智却不是“同身体交融在一起的”,[②]而是“独立(separatus)”于身体或身体器官的。[③] 亚里士多德强调说:如果理智不是独立的,而是像感觉那样,也是依赖于身体或身体器官的,则它就将“获得某种性质,如暖或冷,甚至像感觉能力一样也具有器官”。[④] 毫无疑问,亚里士多德这里所谓“独立”不是说理智是一种不依赖身体或身体器官而存在的独立实体,而只是就作为灵魂一种能力的理智的活动方式而言的,只是在说,理智的活动不依赖于身体或身体器官,仅此而已。[⑤]

第四,在亚里士多德看来,相对于感觉能力,理智能力是一种主动的能力。理智活动不仅不需要借助于身体或身体器官,而且也无需借助于外在事物。换言之,理智活动的原因不在外部或外部事物的推动,而是在于理智自身。“因此,人有随心所欲地思想的能力,

① 亚里士多德:《论灵魂》,429a21—22。

② 亚里士多德:《论灵魂》,429a25。

③ 亚里士多德:《论灵魂》,429b4—5。

④ 亚里士多德:《论灵魂》,429a25—26。

⑤ 参阅托马斯·阿奎那:《论独一理智——驳阿维洛伊主义者》,第1章,第26、42节。

他却不能随心所欲地感觉,只能在感觉对象呈现时才能感觉。"[1]

第五,亚里士多德将潜能和现实、被动和能动的关系引入人的理智活动,将人的理智区分为能动理智和被动理智(可能理智)。其中,人的被动理智或可能理智意指的是人的理智的被动性,人的能动理智意指的是人的理智的能动性。亚里士多德解释说:"正如在全部的物理世界中,每一类事物都有质料(潜在地所是的东西)和作为动力因的东西两个方面(比如工匠和材料的关系),在灵魂之内也有这种区分,有一种成为一切东西的理智,另一种是促成所有这一切的理智,即一种主动状态,如同光一样,通过某种方式,光使得潜在的颜色成为现实的颜色。"[2]据此,托马斯断言,亚里士多德虽然谈到人的两种理智(能动理智和被动理智),但这在任何意义上都不是说这两种理智是两种独立的实体,甚至也不是说它们是两种独立的理智。在亚里士多德那里,人的能动理智和被动理智与其说是人的两种能力,毋宁说是作为灵魂一种能力的人的理智的两种属性,亦即人的理智的能动性和被动性。其中,被动理智概念所侧重和强调的是人的理智的被动性,是人的理智对于感觉或心像的依赖性,而能动理智所侧重和强调的则是人的理智的能动性,是我们的认识从可感形式抽象出可理解的形式的可能性。[3]

托马斯不仅通过解析亚里士多德本人的著作(主要是亚里士多德的《论灵魂》)来说明理智实体论并非亚里士多德的哲学主张,而且还进而表明,即使逍遥派(除亚里士多德之外的逍遥派)也不

① 亚里士多德:《论灵魂》,417b23—25。

② 亚里士多德:《论灵魂》,430a10—17。

③ 参阅托马斯·阿奎那:《论独一理智——驳阿维洛伊主义者》,第1章,第42节。

持守这样一种主张。

在第 2 章里，托马斯首先考察了希腊逍遥派，着重考察了德米斯提、德奥弗拉斯图和阿弗洛狄夏的亚历山大。德米斯提（Themistius，317—约 387）虽然是个逍遥学派，但他却主张柏拉图与亚里士多德本质上的一致性，主张基督宗教与希腊精神乃单一普遍宗教的两种形式。尽管如此，在人的理智学说方面，德米斯提的观点与亚里士多德却是一脉相承的。德米斯提的理智学说主要有下述三个方面的内容：(1)潜在理智和能动理智并不是两种独立的理智，只不过是我们的同一个理智在不同条件下的两种状态而已。当我们的理智处于“潜在状态”的时候，就被称作潜在理智，当其处于“现实状态”的时候，就被称作能动理智。正因为如此，德米斯提常常将能动理智称作“施动理智（intellectus factiuus）”。(2)无论是我们的可能理智，还是我们的能动理智，都是我们灵魂的一部分，都是我们灵魂的能力。(3)我们的潜在理智与我们的能动理智的关系是质料与形式的关系，其中我们的潜在理智乃我们的能动理智的质料，我们的能动理智乃潜在理智的形式。因此，在德米斯提看来，能动理智与潜在理智是一而二二而一的。他强调说：“现实理智就总是伴随着潜在理智，并与之合二而一的。”(4)我们人之所以是其所是，并不是像一些人错误地认为的，是由于感觉灵魂，而是由于主要部分，即理智灵魂的缘故。德米斯提强调说：“只有能动理智才是使我存在的东西”，“ 我们即是能动理智”。[①]

① 德米斯提：《亚里士多德〈论灵魂〉注》，杰拉尔德·维波克编，古劳姆·德·莫伯克译，莱顿：E. J. 布里尔，1973 年，225，2—8，16—24，228—229，68—75，79—85，89—91。也请参阅托马斯·阿奎那：《论独一理智——驳阿维洛伊主义者》，第 2 章，第 51—53 节。

托马斯考察的第二个逍遥派学者是德奥弗拉斯图。德奥弗拉斯图(Theophrastus,公元前360—前287)生于艾莱索,是亚里士多德的亲炙弟子,曾长期主持吕克昂学院。托马斯并没有读过德奥弗拉斯图的著作,他之所以要谈到德奥弗拉斯图,乃是因为德米斯提在探讨潜在理智和能动理智时曾经援引过德奥弗拉斯图的思想。就德米斯提所引用的德奥弗拉斯图的那段话来看,德奥弗拉斯图与德米斯提一样,也是强调我们的可能理智与我们和我们的灵魂的同源性,把理智看作我们灵魂的一种能力,强调可能理智"不应当被理解为是来自外面的,仿佛它是某种偶然地结合上去的东西或是在时间上在先的东西,而是在一开始存在时就有,就包含着人的本性"。[①]

托马斯考察的第三个逍遥派学者是阿弗洛狄夏的亚历山大。阿弗洛狄夏的亚历山大(Alexander of Aphrodisia,1—2世纪)致力于亚里士多德哲学观点的系统化,在逍遥学派中享有极高的地位,被视为最伟大的亚里士多德的评注者之一,对后世的哲学,特别是对中世纪阿拉伯哲学和文艺复兴时期的哲学有较大的影响。亚历山大尽管在能动理智学说方面与德米斯提小有差别,但至少在肯认可能理智为人的灵魂的一种能力或组成部分方面,他与德米斯提还是一致的或比较接近的。阿维洛伊援引亚历山大的话为自己的观点辩护,显然是对亚历山大立场的歪曲。至文艺复兴时期,作为世俗化亚里士多德主义中心的帕多瓦大学,围绕着灵魂性质问题,亚里士多德主义分化出阿维洛伊派和亚历山大派。前者

① 参阅托马斯·阿奎那:《论独一理智——驳阿维洛伊主义者》,第2章,第55节。

以威尼斯的保罗(Paulus Venetus,1369—1429)、尼科拉托·维尼阿斯(Nicoletto Vernias,1420—1499)和亚历山大·阿契里尼(Alessandro Achillinus,1463—1518)为代表,主张人类理智独一和个人灵魂有朽。后者以彼得罗·彭波那齐(Pietro Pomponazzi,1462—1525)为代表,主张灵魂和理智作为身体的形式,是有条件的不朽和无条件的可朽。这虽然只是后话,但却足以说明阿维洛伊与亚历山大在灵魂和理智学说方面的差异。

在托马斯看来,不仅希腊逍遥派不持独一理智论的立场,即使大多数阿拉伯逍遥派学者也不持独一理智论的立场。

托马斯首先考察了阿维森纳的理智学说。阿维森纳(Avicenna,980—1037)是一位极富开拓精神和创新能力的哲学家,他的哲学思想被视为"东部亚里士多德主义"的"顶峰"。阿维森纳把我们人的认识区分为四个由低级到高级的阶段。这就是:感性知觉、想象、推测和理性思维。相应于人的这四个认识阶段,人的灵魂也处于四种状态,从而也就存在有四种理智:"物质理智","习惯理智","现实理智"和"获得理智"。物质理智是那种相应于感性知觉的理智,它意指的是一种能够接受知识的潜在能力,也被称作可能理智;习惯理智是那种相应于想象阶段的理智,旨在强调我们接受知识的不自觉性;现实理智是那种相应于我们认识的推测阶段的理智,它意指的是我们对业已接受的知识的思考和理解;获得理智是那种相应于我们理性思维阶段的理智,它着眼的是我们的理智从认识的对象中抽象出普遍概念。不仅如此,阿维森纳还明确地用亚里士多德的质型论(hylemorphism,其中 hyle 表示质料,morphe 表示形式)来处理获得理智的抽象能力与物质理智的潜在能

力的关系,将获得理智的抽象能力视为人类理智的形式,将物质理智的潜在能力视为人类理智的质料。尽管他也说过人类理智的形式直接来自于外在于人类灵魂的能动理智的话,但他特别强调的却是人类理智的质料是人类理智本身所固有的。在人的灵魂学说方面,阿维森纳一方面强调"人的灵魂"是"具有器官的自然身体的第一完满性",另一方面又强调理智乃人的灵魂的一种"能力"。[①]所有这些都是明显区别于阿维洛伊的理智实体论的。[②]

托马斯继而考察了阿尔加扎里的理智学说。阿拉伯哲学家阿尔加扎里(Al-Gazali,1058—1111)也明确地将理智视为人的灵魂的一种能力,并指出:人的理智的运作与感性活动不同,是无需藉身体器官而发生的。严格说来,阿尔加扎里是一个艾什尔里派正统神学家,对亚里士多德主义是持排拒立场的,并不属于逍遥派的范畴。托马斯用阿尔加扎里的思想作为反对阿维洛伊主义者的例证,有产生适得其反的效果之虞。但他的这样一种做法对于解说当时的阿拉伯学者大多数并非持理智实体论立场还是有一定说服力的。

总之,在托马斯看来,无论是希腊逍遥派,还是阿拉伯逍遥派,都是"认为理智是灵魂的一部分或者是灵魂的一种能力或官能,而灵魂则是身体的形式",阿维洛伊主义者尽管常常求助于这些思想家,但他们这样做非但不能得到支持,非但不能说明他们承续亚里士多德主义的道统,反而暴露他们只不过是一伙"情愿与阿维洛伊

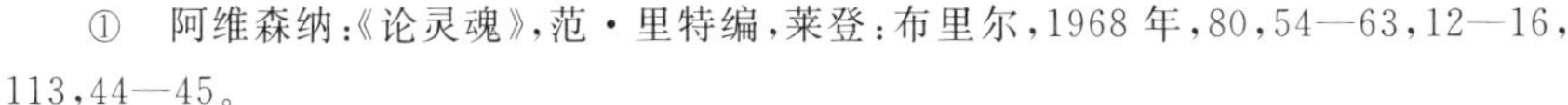

① 阿维森纳:《论灵魂》,范·里特编,莱登:布里尔,1968年,80,54—63,12—16,113,44—45。

② 参阅托马斯·阿奎那:《论独一理智——驳阿维洛伊主义者》,第2章,第57节。

一起去犯错误"的阿维洛伊的"卫士"。至于阿维洛伊本人，托马斯也给出了他的最后一言："阿维洛伊并不是一个逍遥派分子，而是逍遥派哲学的叛徒。"①

三、对理智能力论的论证与对理智实体论的清算

在第1章和第2章里，通过对亚里士多德原典和逍遥派（包括希腊逍遥派和阿拉伯逍遥派）的考察，托马斯在表明理智实体论既非亚里士多德的观点，也非逍遥派的观点，阿维洛伊并不是一个真正的亚里士多德主义者或逍遥派分子，而是打着亚里士多德主义的旗号招摇撞骗的逍遥派哲学的叛徒。托马斯对真假亚里士多德主义的区分不仅有力地回敬了波那文都主义者，而且也有力地揭露了阿维洛伊主义者所推行的激进亚里士多德主义的真实本质。然而，为要彻底驳倒阿维洛伊主义者，托马斯还需要从理论层面做进一步的理论工作，这就是从学理层面进一步系统论证和阐述自己的理智能力论，进一步深入批判阿维洛伊主义的理智实体论。

凡阐述，都有一个切入点的问题。在《论独一理智》里，托马斯是从考察我们人的具体的理解活动入手来阐述他的理智能力论和理智复多论的理据的。所谓理据，在托马斯那里，常常意指一件事物的根据、原则和原理，但归根到底，其所意指的是一件事物的原因或缘由。然而，一件事物的原因或缘由是一个相对概念，是相对于

① 参阅托马斯·阿奎那：《论独一理智——驳阿维洛伊主义者》，第2章，第59节。

一件事物的结果而言的,是在一件事物从其原因(根据、原则和原理)生成它的结果的活动中展现出来的。因此,为要认识一件事物的原因,我们就必须从考察一件事物从原因生成其结果的运动或活动入手。在《物理学》和《形而上学》里,亚里士多德正是在考察事物运动的基础上提出他的“四因说”的。依照这样一种方法论原则,当考察理智问题时,我们也就应当从考察“理智的特殊活动”(actu proprio intellectus),亦即从考察“理解活动(intelligere)”入手。①

众所周知,托马斯在自然神学方面坚持从感性事物到超感性事物、从受造物到造物主的宇宙论范式,在形而上学方面坚持从存在者到存在、从形下到形上的致思路线,在人学方面特别注重身体的实体性质和生成性功能,与其相一致,在认识论上托马斯则坚持一条从外物到概念、从感觉到理智的致思路线。因此,感觉论在托马斯的认识论中占有特别重要的地位。托马斯反对怀疑论,认为我们的理智能够获得有形事物的真理性知识。对于托马斯来说,问题不在于我们的理智能否认识有形事物,而是在于我们的理智究竟是如何认识有形事物的。在西方传统哲学中,存在有两种根本对立的认知路线:一条是德谟克利特所代表的认知路线,另一条是柏拉图所代表的认知路线。托马斯既反对德谟克利特的流射说,也反对柏拉图的“回忆说”,秉承亚里士多德的认知路线,一方面主张我们的知识不限于感觉,另一方面又主张我们的知识开始于感觉,强调“理智知识是由感觉所引起的”,把我们的认识理解成一个从感觉到理性知识的生成过程。

① 参阅托马斯·阿奎那:《论独一理智——驳阿维洛伊主义者》,第3章,第60节。

值得注意的是，为了充分论证感觉在人的认知活动中的初始地位和基础作用，托马斯专题批判过柏拉图的回忆说和天赋观念论。按照柏拉图的回忆说，我们的灵魂本身就具有各色各样的天赋观念(species sibi naturaliter inditas)，我们就是藉这些天赋观念理解所有事物的；我们之所以需要回忆或学习，乃是因为我们的灵魂的理解活动由于其与身体的结合而遭遇了障碍的缘故。托马斯批驳说，如果灵魂本身就具有各色各样的自然知识，则灵魂忘却这些自然知识以至于不知道它之具有这些知识，似乎就是一件不可能的事情了。这就和一个人之不知道整体大于部分是件不可能的事情一样。其次，既然人既非天使也非自然物体，我们的灵魂与我们的身体的结合是一件非常自然的事情，则"一件事物的自然运作完全为自然地属于它的事物所阻挠显然是不合理的"。最后，如果我们人缺乏某种感觉，则藉那种感觉所认识的知识也就因此而缺乏。例如，一个生来即盲的人是不可能具有关于颜色的知识的。因此，柏拉图说我们无需借助于感觉就能够获取有形事物的知识的观点是荒谬的。托马斯由此得出的结论是："灵魂并不是藉天赋观念来认识有形事物的。"[①]如果我们没有天赋观念，那么，我们的知识和观念究竟来自何处呢？托马斯给出了一个相当明确的答案。这就是：我们的理智是从感性事物以及我们的感觉像和心像获取知识的。

托马斯虽然强调知识的感觉来源，但是却并没有因此而否认知识的其他来源。他追随亚里士多德而强调说："我们心灵中的知

① Thomae de Aquino, *Summa Theologiae*, Ia, Q. 84, a. 3.

识部分地源于内在的影响,部分地源于外在的影响。"[①]这里,他所谓的外在影响,意指的是"感觉对象本身",而他所谓的内在影响,意指的显然是人的理智及其活动。那么,为了获得有形事物的知识,为什么必须有理智及其活动介入其中呢?这是因为,我们通过感觉所获得的只是感性事物的可感形式,尚不是感性事物的可理解的形式或纯粹形式。而感性事物的可感形式只是一种被个体化了的形式,只是一种偶然形式,尚不具有普遍性和必然性,尚不是普遍必然性的知识。唯有有形事物的可理解的形式或纯粹形式才具有普遍性和必然性,才是一种普遍必然性的知识。因此,为要获取有形事物的可理解的形式或普遍必然性知识,我们就必须从感觉出发,继续前进,开展理智活动。

在具体讨论和阐释人的理智活动时,托马斯将人的理智区分为"被动理智"(intellectus passivus)和"能动理智"(intellectum agentem)。被动理智强调的是理智的被动性。在托马斯看来,人的理智并非一种独立的实体,而是人的灵魂的一种能力。而人的理智能力从根本上讲,是一种"被动能力"(potentia passiva)。在这里,所谓被动或被动性,所意指的是事物的潜在性,"凡从潜在过渡到现实的东西都可以说成是被动的,甚至当它完满化的时候亦复如此"。[②] 既然唯有上帝的理智是"纯粹的现实","没有什么受造的理智能够成为一种相关于整个普遍存在的现实",那就没有什么受造的理智能够没有被动性,"没有什么受造的理智能够由于它

① St. Thomas Aquinas, *Truth*, II, tr. by R. W. Mulligan, Cambridge: Hackett, 1954, p. 28.

② Thomae de Aquino, *Summa Theologiae*, Ia, Q. 79, a. 2.

的存在而成为所有可理解的形式的现实，而是相对于这些可理解的事物来说是一种潜在和现实的关系”。[①] 其实，人的理智及其活动即内蕴于人的感觉活动中。首先，人的感觉活动并不仅仅是人的肉体感官的活动，而是整个人的活动，是人的灵魂也参与其中的活动。人的感觉之所以能够超越动物，在很大程度上得益于人的灵魂或人的理智的参与。其次，我们的感觉观念不仅包含有可感质料，而且还包含有可感形式。我们的理智活动想要获取的有形事物的可理解的形式正是以这些可感形式为对象，从这些可感形式中抽象出来的。而且，有形事物的可理解的形式不是像柏拉图所说的那样是我们的灵魂所固有的，也不是像阿维森纳所说的那样来自外部的天使或天体理智，而是随着由感觉活动向理智活动的上升运动由潜在状态升华为现实状态的。从这个意义上，我们可以说，凡是在理智中的没有不先在感觉中，只是其存在的样态有所区别罢了。托马斯因此而特别强调说：“在生命的现存状态下，灵魂既然同被动的身体结合在一起，我们的理智如果不回到心像便不可能现实地理解任何事物。”[②]心像学说之所以在托马斯的认识论中受到反复的强调，盖源于此。

然而，如果我们的理智只具有一种被动性，只是一种被动能力，我们何以能够从有形事物的具有个体性和偶然性的可感形式抽象出其具有普遍性和必然性的可理解的形式呢？这就提出了能动理智的设定问题。换言之，我们之所以要设定能动理智，正是为

① Thomae de Aquino, *Summa Theologiae*, Ia, Q. 79, a. 2.

② Thomae de Aquino, *Summa Theologiae*, Ia, Q. 84, a. 3.

了解决我们的认识从有形事物的可感形式到可理解的形式的飞跃这样一个难题。我们虽然可以通过感觉获得有形事物的可感形式,但是,既然有形事物,作为一种复合实体,总是由形式与质料组合而成,则其可感形式便总是与其可感质料结合在一起,因此也就只是一种寓于作为特指质料的可感质料之中的具有个体性和偶然性的形式,从而也就不仅始终与有形事物的可理解的形式有别,而且也就只能成为现实的感觉对象,而不可能成为现实的理智对象。此外,尽管如上所述,我们可以将有形事物的可感形式理解为其可理解形式的潜在样态,尽管我们设定有形事物的潜在样态可望达到其现实样态,但是,有形事物的潜在样态与其现实样态毕竟不是一回事。然而,"除非藉某种现实的东西,就没有什么东西能够从潜在转化为现实,正如感觉须藉现实的可感觉的有形事物而成为现实一样。"托马斯由此得出的结论是:"所以,我们必须在理智方面指派某种能力,通过从物质条件抽象出种相来使事物成为现实地可理解的。由此也就产生了设定能动理智的必要性。"①

从认识论的角度看,托马斯设定能动理智的根本目的在于解决长期以来一直困扰着西方哲学家的抽象问题。柏拉图既然主张观念天赋论和回忆说,他就因此而根本回避了人的认知过程中的抽象问题。亚里士多德虽然正视了抽象问题,但由于其将人类理智抽象化终究未能很好地解决这一难题。此后的哲学家,如奥古斯丁和阿维森纳等,大多将能动理智及其活动外在化,借用超自然

① Thomae de Aquino, *Summa Theologiae*, Ia, Q. 84, a. 3.

的精神力量来解释人类的抽象活动，从而归根到底回避了现实的人类理智的抽象问题。与此不同，托马斯将人类认识的抽象问题纳入到人的现实的认知过程之中予以考察，努力在理性层面和哲学层面来解决人类抽象这一难题。托马斯用以解决人类抽象难题的根本手段在于将人类的抽象活动过程化和层次化。托马斯指出："有两种抽象活动。"[①]其中一种是"组合与分解"。凭借着这样一种抽象，我们能够理解一件事物不存在于某个别的事物之中。另外一种是"单纯化和绝对化"。例如，当我们理解一件事物而根本不考虑别的事物的时候，就是这样一种情况。与这两种抽象活动或抽象活动方式相对应的是想象活动（感觉抽象活动）和理智抽象活动。感觉，特别是想象，把有形事物的感性性质或可感形式与具体的可感质料区别开来，这就已经是抽象活动了。因为在这种情况下，我们考察的只是有形事物的某种感性性质或可感形式，而不是那个由可感形式和可感质料组合而成的有形事物了。然而，感觉抽象或想象抽象毕竟是一种初级抽象。因为感觉抽象或想象抽象虽然能够将感觉性质或可感形式与具体的可感质料区分开来，但是却不能完全摆脱有形事物的感性形象。也就是说，在感觉抽象或想象抽象中，我们所获取的尚只是有形事物的具有个体性和偶然性的可感形式。理智抽象的优越性正在于它能够完全排除有形事物的可感形式的诸如形状、大小的感性因素，达到完全无形的、普遍必然的形式，亦即纯粹形式的认识。

由此看来，我们的理解活动的根本目标在于从有形事物的具

① Thomae de Aquino, *Summa Theologiae*, Ia, Q. 85, a. 1.

有个体性和偶然性的可感形式抽象出完全无形的、普遍必然的形式,亦即纯粹形式的认识,获取某种纯粹形式的认识或知识。为了实现这一目标,我们的理智及其理解活动,不仅需要我们灵魂的感性能力及其所提供的心像作为必要前提,而且还需要借助于我们的包括感觉器官在内的整个身体器官提供帮助。诚然,人与植物和动物的根本区别正在于他具有理智活动或理解活动。托马斯之所以强调:"人之为人的特殊运作是理解活动,正是由于这一点他才区别于其他动物,而且这也正是亚里士多德将终极幸福置放进这种活动之中的缘由。但是,我们借以理解的原则,按照亚里士多德的说法,是理智",[①]即是谓此。然而,人的理智活动或理解活动并不是一种孤立的活动,不仅与人的整个灵魂活动密切相关,而且与人的整个身体活动(首先是人的感官活动)密切相关。也正是在这个意义上,托马斯强调说:人的理智不仅"属于这个人的某种东西",而且,"它真的与他合二而一"。[②] 阿维洛伊及其信徒既然主张理智是某种存在于人的灵魂和人的身体及作为其复合体的人的外部的某种实体,则他们无论如何便不可能解释人的理智活动或理解活动,无论如何也不可能对"这个人在理解"作出说明。

然而,阿维洛伊却不以为然。他强调说,他们虽然主张理智实体论,但这却并不妨碍他们对我们的"理解活动",即对"这个人在理解"作出说明。这是因为理智虽然是一个独立的实体,但"独立实体的理解"却依然可以是"我的或你的",这是因为可能理智总是可以"藉存在于我和你之中的心像而同你或我联系在一起"。[③] 托

① 参阅托马斯·阿奎那:《论独一理智——驳阿维洛伊主义者》,第 3 章,第 80 节。
② 参阅托马斯·阿奎那:《论独一理智——驳阿维洛伊主义者》,第 3 章,第 82 节。
③ 参阅托马斯·阿奎那:《论独一理智——驳阿维洛伊主义者》,第 3 章,第 63 节。

马斯从下述三个方面对此做了驳斥。首先,托马斯根据亚里士多德的观点,指出:“理智之同人结合在一起并不是从他产生之日起就开始了的,而是通过感觉的运作实现出来的,这是就他现实地在感觉而言的”。[①] 其次,托马斯指出:“可能理智并不是藉可理解的种相同心像结合在一起的,而毋宁是同它们相分离的”,既然如此,“可能理智的活动就更其不可能归因于这个人如苏格拉底了”。[②] 最后,“即使同一个形式既是可能理智的形式,同时也存在于心像之中,这样一种结合也不足于解释这个人在理解”。[③] 托马斯的结论是:阿维洛伊讲的全是废话,“根据阿维洛伊的意见,要说明这个人在理解是不可能的”。[④]

鉴于阿维洛伊藉“心像关联说”为独一理智论的辩护无效,有人便另辟蹊径,提出了“理智推动说”,声言:“理智是作为身体的推动者同身体结合在一起的,从而,就身体与理智作为推动者与被推动者合二而一而言,理智便成为这个人的一部分;所以,理智的运作之归因于这个人,就如在看的眼睛的运作之归因于这个人一样。”[⑤]托马斯则指出,如果理智像阿维洛伊主义者所说的那样,是“作为身体的推动者同身体结合在一起的”,存在于人的身体与理智之间的关系是一种“推动者与被推动者”的关系,则理智的运作就不能归因于这个受理智推动的人。

---

① 参阅托马斯·阿奎那:《论独一理智——驳阿维洛伊主义者》,第3章,第64节。
② 参阅托马斯·阿奎那:《论独一理智——驳阿维洛伊主义者》,第3章,第65节。
③ 参阅托马斯·阿奎那:《论独一理智——驳阿维洛伊主义者》,第3章,第66节。
④ 参阅托马斯·阿奎那:《论独一理智——驳阿维洛伊主义者》,第3章,第66节。
⑤ 参阅托马斯·阿奎那:《论独一理智——驳阿维洛伊主义者》,第3章,第67节。

首先,如果存在于外在于一个人的理智和这个人之间的是一种推动者与被推动者的关系,则外在于这个人的理智的理解活动就不可能是这个人的理解活动,而毋宁只是使用这个人身体的理智的活动。更何况在这种情况下,受到外在理智推动的一个人的身体根本不构成一个人,甚至也根本不构成一个存在者。且不要说理智活动,即使别的任何一种类型的活动也都是不可能的。“因为只有存在者才能够活动。”[①]

其次,理解活动与理解活动的对象并不是一回事。理解活动的对象可能存在于进行理解活动的主体之外,但理解活动本身则只能存在于进行理解活动的主体之中。这就好像视觉对象往往存在于进行视觉活动的主体之外,但视觉活动则只能存在于视觉主体之中。“所以,虽然理智被说成是同作为推动者的苏格拉底结合在一起的,但是,这对于把理解活动置入苏格拉底是于事无补的,这对于为‘苏格拉底在理解’的宣称奠定基础也是于事无补的。因为理解活动仅仅是存在于理智之中的一种活动。由此也可以清楚地看到,那些说理解活动本身,而不是理智,是身体的现实的人的讲法是错误的:是根本不可能有任何理解活动的现实而非理智的现实的,因为理解活动仅仅存在于理智之中,正如视觉仅仅存在于视觉活动之中一样。视觉活动只能够属于其活动为看的主体。”[②]

最后,“推动者的固有活动是既不能归因于工具,也不能归因于被推动者的。正相反,工具的活动应当归因于主要推动者。”既

① 参阅托马斯·阿奎那:《论独一理智——驳阿维洛伊主义者》,第3章,第69节。
② 参阅托马斯·阿奎那:《论独一理智——驳阿维洛伊主义者》,第3章,第71节。

然理解活动是理智的固有活动，则我们就只能将其归因于外在于人的作为推动者的理智，而不能将其归因于作为被推动者的人。就好像我们不能够说锯制造了工艺品，而只能够说工匠制造了工艺品一样。[①]

由此看来，无论是“心像关联说”还是“理智推动说”都不足以解释人的现实的理解活动，都不足以解释“这个人在理解”。我们要想对人的现实的理解活动或“这个人在理解”作出合理的解释，唯有将理智视为人的灵魂的一种能力一途。

四、对理智独一论的清算与对可能理智复多论的论证

既然阿维洛伊主义者的独一理智论主要有两项内容，即理智实体论和理智独一论，既然托马斯自己的主张在于理智能力论和理智复多论，既然托马斯在前面三章里业已批驳了阿维洛伊主义者的理智实体论，并在这种批驳中论证和阐述了他的理智能力论，则接下来的事情自然是批驳阿维洛伊主义者的理智独一论，并在这一批驳中对自己的理智复多论作出论证和阐述。

不过，当托马斯在批驳阿维洛伊主义者的理智独一论和论证他的理智复多论时，无论是在批驳和论证的对象方面还是在批驳和论证的方式方面都还是做了一些微调的。首先，在批驳和论证的对象方面，他在后面两章里批驳的并非一般意义上的“理智独一

① 参阅托马斯·阿奎那:《论独一理智——驳阿维洛伊主义者》，第 3 章，第 72 节。

论”,而是“可能理智独一论”,论证的也并非一般意义上的“理智复多论”,而是“可能理智复多论”。他之所以要做出这样一种调整,主要是顾忌中世纪经院哲学界一个比较流行的观点,即人类似乎可以共享一个能动理智。既然“藉着一个太阳,所有动物的视觉能力都能够看见东西”,则人类共享一个能动理智也就没有什么荒谬的。这样一种说法的源头可能要追溯到柏拉图,按照德米斯提的看法,柏拉图“主张理智是一件独立的东西,从而把它比作太阳”。亚里士多德虽然“主张能动理智存在于灵魂之中,但是他还是把它比作一道光”,但既然即使一个太阳也可以发射出“许多道光”,则说人类共享一个能动理智“似乎也没有什么荒谬之处”。[①] 然而,倘若说人类共享一个能动理智“似乎也没有什么荒谬之处”,这就意味着如果阿维洛伊主义者所谓理智独一论意指的只是能动理智独一,则阿维洛伊主义者的理智独一论也就因此而“似乎没有什么荒谬之处”了。那么,阿维洛伊主义者理智独一论的“荒谬之处”究竟何在呢?托马斯回答说,阿维洛伊主义者“独一理智论”的荒谬之处在于:他们主张“可能理智独一论”,主张“所有的人只有一个可能理智”。[②] 正是基于对阿维洛伊主义者理智独一论的这样一种具体分析,托马斯在《论独一理智》里就将批驳的矛头主要对准“可能理智独一论”,宣布:“倘若说可能理智对所有的人来说只有一个,这从很多方面看都是不可能的”,[③]并在这样一种批驳中论证和阐述他的可能理智复多论。

① 参阅托马斯·阿奎那:《论独一理智——驳阿维洛伊主义者》,第4章,第86节。

② 参阅托马斯·阿奎那:《论独一理智——驳阿维洛伊主义者》,第4章,第86节。

③ 参阅托马斯·阿奎那:《论独一理智——驳阿维洛伊主义者》,第4章,第86节。

托马斯在后面两章不仅在批驳和论证的对象方面做了上述微调，而且在批驳和论证的方式方面也做了一定的微调。如前所述，在前面三章里，托马斯先是通过直陈亚里士多德和其他逍遥派哲学家的有关论述，后是通过探究理智能力论的理据来批驳阿维洛伊主义者的理智实体论并论证和阐述自己的理智能力论的。与前面三章不同，在后面两章里，托马斯增强了论战的气氛，先是直接谴责可能理智独一论，接着直接反驳阿维洛伊主义者对可能理智复多论的否证，并在这种直接的谴责和反驳的过程中论证和阐述自己的可能理智复多论。托马斯是在第4章里，直接谴责阿维洛伊主义者的可能理智独一论，并借以论证和阐述自己的可能理智复多论，然后在第5章里，直接反驳阿维洛伊主义者对可能理智复多论的否证，并借以进一步论证和阐述自己的可能理智复多论。

那么，托马斯在第4章里究竟如何直接谴责阿维洛伊主义者的可能理智独一论，并借以论证和阐述自己的可能理智复多论的呢？

首先，托马斯指出：如前所述，相较于植物和动物，人的特殊本质在于他之具有理智或理智活动。也正是在这个意义上，亚里士多德才强调说："任何一个人或者即是这个，即理智，或者特别地是这个。"[①]然而，在可能理智适合于每一个人的情况下，"如果任何人说单个的人即是理智本身，那就会因此而得出结论说：所有的人都是一个人，不是就分有同一个种相而言的，而是就作为一个个体而言的。"[②]在这种情况下，要解释"这个人在理解"就是一件完全

① 亚里士多德：《尼各马可伦理学》，IX，4，1169a2。

② 参阅托马斯·阿奎那：《论独一理智——驳阿维洛伊主义者》，第4章，第87节。

不可能的事情了。

其次,托马斯指出:理智的单一化或独一化不仅,如上所述,会导致理解活动主体的单一化或独一化,而且还会导致理解活动对象和理解活动本身的单一化或独一化。因为,"如果所有的人都是藉一个理智来理解的,……那就必然会得出结论说:从数值上看,所有的人只能有一个理解活动,这一理解活动既是同时发生的又都具有同一个可理解的对象。例如,如果我理解石头,而你也理解石头,那我的理智活动与你的理智活动就必定是同一个理解活动。"这就好像如果许多人之具有一只眼睛,所有的人在同一个时间相关于同一个对象的视觉活动也就只能是一个。

最后,托马斯指出:阿维洛伊主义者用独一理智来解释人类普遍必然知识的来源这样一种做法有违亚里士多德的"白板说"和"习得说"。众所周知 ,亚里士多德反对柏拉图的天赋观念说而主张心灵白板说,宣称:"理智在一个意义上,潜在地是一切可思想的东西,虽然除非它已经有所思想,否则它现实地什么也不是。它所思想的东西必定存在于理智之中,正如文字可以说是存在于一块上面什么也没有现实地写上去的写字板上一样,理智的情形与此是一模一样的。"[①]因此,在亚里士多德看来,我们的理智只有在经过后天"学习或发现之后"才可能处于现实状态,现实地是"一切可思想的东西"。[②] 从这个意义上,我们可以说:"科学的习性乃可能理智的第一现实"。因为只有凭借这种习性,"可能理智才能够进入

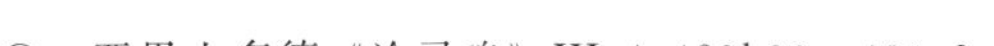

① 亚里士多德:《论灵魂》,III,4,429b30—430a2。

② 参阅托马斯·阿奎那:《论独一理智——驳阿维洛伊主义者》,第4章,第92节。

现实状态,并且自行地运作”,而且也只有凭借这种习性,可能理智本身才有可能从潜能转化成“现实”。[①]

那么,托马斯在第5章里,又是如何直接反驳阿维洛伊主义者对可能理智复多论的否证,并借以进一步论证和阐述自己的可能理智复多论的呢?

在第5章里,托马斯将阿维洛伊主义者对可能理智复多性的(pluralitatem intellectus possibilis)的反对意见归结为6条,并且逐一对这6条反对意见进行了反驳。

阿维洛伊主义者对可能理智复多性提出的第一个反对意见在于:如果理智是独立的,则它就不依赖物质和人的身体,并构成物质和人的身体的形式,从而“也就绝不可能由于身体的增多而增多”。[②] 在托马斯看来,阿维洛伊主义者的这样一种反驳有点文不对题。因为当托马斯主张理智具有复多性时,他既没有将理智视为一种物质形式和人的身体的形式,也没有将理智视为一种物质能力,相反,他是将灵魂视为人的身体的形式,而将理智视为灵魂的一种能力的。而他的理智复多论也正是由此推演出来的:“理智是灵魂的一种能力,而灵魂则为身体的现实。所以,在许多身体之中,存在有许多灵魂。而在许多灵魂中,也就存在有许多理智能力,也就是说,理智”。[③]

阿维洛伊主义者对可能理智复多性提出的第二个反对意见在于:上帝不可能造出许多理智,因为这样就会陷入矛盾。托马斯反

① 参阅托马斯·阿奎那:《论独一理智——驳阿维洛伊主义者》,第4章,第93节。
② 参阅托马斯·阿奎那:《论独一理智——驳阿维洛伊主义者》,第5章,第99节。
③ 参阅托马斯·阿奎那:《论独一理智——驳阿维洛伊主义者》,第5章,第103节。

驳说:"即便成为复多不是理智的本性,那也不能由此得出结论说理智的复多会陷入矛盾。"[1]他解释说:"没有任何东西能够阻止一件事物从他物那里获得其本性所不具有的东西。"他举例说:重物就本性而言是不在上面的,然而重物之在上面却并不蕴含有矛盾,尽管重物藉它的本性而在上面是蕴含有矛盾的。托马斯由此得出结论说:"如果理智在本性上对所有的人都只有一个,是因为它没有增多的自然的原因(naturalem causam),则增多就能够藉超自然的原因(supernaturali causa)在不含任何矛盾的情况下发生。"[2]

阿维洛伊主义者对可能理智复多性提出的第三个反对意见在于:无论在我身上和在你身上理解的东西是在所有的方面都是一个,抑或在数值上(in numero)是两个但在种相上(in specie)却是一个,我们都会得出同一个结论。这就是:"在所有人身上就只存在有一个理智,而且即使从数值上讲也仅仅有一个理智。"[3]阿维洛伊主义者的这一条反对意见对于阿维洛伊主义来说是相当基本的。因为独一理智论之所以对于一些人有号召力在很大程度上是由于独一理智论在解释人类知识的普遍性和共同性方面有其方便之处。关键在于对"理解的事物"或"理解的对象"做什么样的理解。按照柏拉图的学说,所谓所理解的事物无非是"一个存在于理智之中的非物质的种相"而非相关于"存在于哪儿的事物"。而按照亚里士多德的学说,所谓所理解的事物则并非"所理解的种相(de speciebus intellectis)",而是"相关于事物的(de rebus)"。如

① 参阅托马斯·阿奎那:《论独一理智——驳阿维洛伊主义者》,第5章,第105节。
② 参阅托马斯·阿奎那:《论独一理智——驳阿维洛伊主义者》,第5章,第105节。
③ 参阅托马斯·阿奎那:《论独一理智——驳阿维洛伊主义者》,第5章,第106节。

果遵循柏拉图的哲学路线，我们势必就会像阿维洛伊主义者那样，得出“只存在有一个理智，不仅对所有的人来说是如此，而且绝对地讲也是如此”的结论。然而，如果我们遵循亚里士多德的哲学路线，我们就会得出相反的结论。既然一如亚里士多德在《形而上学》第9卷中所指出的，理解活动取决于在理解的人的模式，也就是说，取决于理解者借以理解的种相(speciei)的需要，[①]则我们就可以得出结论说：由于我们往往是藉不同的可理解的种相进行理解的，从而，我的理解活动就不同于你的理解活动，我的理智也就不同于你的理智。这就好像对于一个苹果你感觉到的是它的颜色，我感觉到的是它的味道，从而我们所具有的是两种不同的感觉活动一样。且不要说一般的理解活动，即使一门科学由于我们“借以认识的可理解的种相”不同，它在你我之间也是“被个体化了的(indiuiduatur)”。这种情况在研究同一门科学的学生和教师之间表现得淋漓尽致。尽管他们在研究同一门科学，但这门科学对于学生和教师却并不是完全一样的。这是因为：“正如病人身上的健康并不能由医生的能力产生出来，而只能由自然能力产生出来，知识也不能由教师的能力而毋宁由学生的能力在学生身上产生出来。”[②]

阿维洛伊主义者对可能理智复多性提出的第四个反对意见在于：托马斯主义者认为人的灵魂在脱离开身体后依然存在，阿维洛伊主义诘问道：如果人们的身体已经朽灭，推动身体活动的独立实体却依然存在，在这种情况下，它们既然失去了其推动的对象，也

① 亚里士多德：《形而上学》，IX，8，1050a34—36。

② 参阅托马斯·阿奎那：《论独一理智——驳阿维洛伊主义者》，第5章，第113节。

就因此而成为完全冗余的东西了。托马斯回答道:脱离了身体的灵魂及其理智能力虽然“并不具有其本性的终极完满性”,因为它只是人的本性的一部分:任何一个部分,如果脱离了其整体,就不可能具有完全的完满性。但是,我们也不应当因此而把人的灵魂及其理智能力说成是“冗余”的。“因为人类灵魂的目的并不在于推动身体,而在于理解,如亚里士多德在《伦理学》第10卷中所说的那样,人类的幸福正在于此。”[1]

阿维洛伊主义者对可能理智复多性提出的第五个反对意见在于:如果许多人有许多理智的话,既然理智是不可朽坏的,那按照亚里士多德的观点,既然这个世界是永恒的,而人又是始终存在的,那就会存在有理智的现实无限性。托马斯指出,阿拉伯哲学家阿尔加扎里早就批判过这样一类观点,断言:人们所担心的这样一种“无限性”是不可能由许多人有许多理智产生出来的。[2] 托马斯虽然援引了阿尔加扎里的思想,但他的着眼点却在于阿维洛伊主义者论证理智现实无限性的另一个前提——“这个世界是永恒的”。托马斯强调说:“可独立的实体的存在方式”问题以及世界的永恒问题“并不会使天主教徒烦心,因为他们认为这个世界是有开端的”。[3] 托马斯于第二年(即1271年)写出的《论世界的永恒性》即是为了进一步清算阿维洛伊主义的这一观点的。

阿维洛伊主义者对可能理智复多性提出的第六个反对意见在于:阿维洛伊主义者断言,除拉丁人外,无论是阿拉伯人还是逍遥

① 亚里士多德:《尼各马可伦理学》,X,10,1177a13—17。

② 参阅托马斯·阿奎那:《论独一理智——驳阿维洛伊主义者》,第5章,第117节。

③ 参阅托马斯·阿奎那:《论独一理智——驳阿维洛伊主义者》,第5章,第118节。

派，都将独一理智论视为哲学的一项原则。托马斯则依据哲学家们的原著驳斥了这一反对意见，表明无论是阿拉伯人(阿尔加扎里和阿维森纳)还是希腊人(德米斯提等)都是持理智复多论的。托马斯特别关注德米斯提的思想，不仅大段地引证他在《亚里士多德〈论灵魂〉注》中阐述的理智复多论观点，而且还援引了其中表明他对希腊哲学家立场评价的语录。这就是："从我们收集到的关于亚里士多德和德奥弗拉斯图的意见的语录以及柏拉图本人的大多数语录看，我们主要收集到的东西都昭示了这样一种意图。"[①]托马斯由此得出结论说："很显然，亚里士多德、德奥弗拉斯图、德米斯提以及柏拉图本人都并没有坚持把所有的人只有一个可能理智作为一项原则。因此，很清楚，阿维洛伊歪曲地报道了德米斯提和德奥弗拉斯关于可能理智和能动理智的思想。"据此，托马斯不仅再次谴责阿维洛伊本人是"逍遥派哲学的叛徒"，而且对其追随者也大加挞伐，谴责他们"仅仅查阅阿维洛伊的评注，就无端宣布他所说的是所有哲学家的共同观点，如果不是所有拉丁哲学家的共同观点，至少也是所有希腊哲学家和所有阿拉伯哲学家的共同观点"。[②]

在驳斥过阿维洛伊主义者对理智复多论的上述六条反对意见后，托马斯总结道："我们所运用的是哲学家们本身的证明和学说，而不是有关信仰的文献。"再次申明他是以哲学家的名义而不是以基督宗教神学家的名义写这部著作的，从而他写出的这样一部著

① 德米斯提：《亚里士多德〈论灵魂〉注》，242，2—6。

② 参阅托马斯·阿奎那：《论独一理智——驳阿维洛伊主义者》，第5章，第121节。

作是一部哲学著作而非神学著作。他的这句话是我们在阅读他的这部著作时应当牢记在心的。

五、《论独一理智》的有朽性与不朽性

在一定意义上,我们可以说,驳倒阿维洛伊主义者的独一理智论是托马斯一生为之奋斗的学术事业。早在其学术生涯的初始阶段,托马斯就在《彼得·隆巴底〈箴言四书〉注》第2部第17卷问题2第1条中开展了对阿维洛伊主义者独一理智论的批判。此后,他又在《反异教大全》第2卷第59—70章、《神学大全》第1集问题75第1—2条、《精神受造物问题争论集》第2—9条、《灵魂争论集》第2—3条中反复驳斥阿维洛伊主义者的有关论点。然而,《论独一理智——驳斥阿维洛伊主义者》毕竟是托马斯写出的唯一一部专门用来驳斥阿维洛伊主义者"独一理智论"的著作。其内容的全面性和系统性、其批判的尖锐程度都为托马斯先前的作品所不及。在这部著作里,托马斯不仅谴责阿维洛伊主义者是"逍遥派哲学的叛徒",①而且俨然摆开一副决战的架势,宣布要"以决定性地驳倒它的方式来驳斥这种错误"。②

然而,托马斯在这部著作中,虽然下了很大力气,却似乎并没有如愿以偿,至少并没有让西格尔就此闭嘴。阿维洛伊主义的主要代表人物西格尔随后接连写了两篇论文《论理智》和《论理性灵

① 托马斯·阿奎那:《论独一理智——驳阿维洛伊主义者》第2章,第59节。

② 托马斯·阿奎那:《论独一理智——驳阿维洛伊主义者》第1章,第1节。

魂》(未竟作品),来回应托马斯的批评。西格尔在《论理智》中为自己辩解说:他的独一理智说与基督教会的教义并不矛盾,与托马斯的批评也不相干。可能理智虽然是个人灵魂的类,虽然是独立的精神实体,但这并不妨碍它存在于个人灵魂之中。正如共相虽然在殊相之先,却并不妨碍其存在于殊相之中一样,这一点恐怕连托马斯本人也是不能否认的。针对托马斯对阿维洛伊主义者否认"这个人在理解"的谴责,西格尔强调说:可能理智不仅存在于个人灵魂之中,而且与个人灵魂紧密结合在一起,形成理性灵魂。理性灵魂作为个体的人的身体的实质性形式,其数目与个体的人的数目一样多,其理解活动因此也就具有显而易见的个体性质。至于人类理解和知识的一致性和共同性,则不仅与作为个人灵魂的类的可能理智相关,而且也与作为能动理智的上帝和上帝所创造的理智对象相关。只有凭借作为能动理智的上帝的作用,存在于个人灵魂之中的可能理智的理解活动方可由潜在转化为现实,从而认识上帝及其所创造的作为理智对象的世界的本质。在《论理智灵魂》一文中,针对托马斯对阿维洛伊主义者背离亚里士多德或逍遥派的谴责,西格尔强调阿维洛伊的独一理智论正是以亚里士多德主义的基本原则为基础和出发点的。既然不仅亚里士多德,而且托马斯本人也承认,人是灵魂与身体的复合体,则灵魂在其与人的身体结合构成复合体之前也就势必是独立的精神实体,而作为独立精神实体的灵魂也就因此势必有一个共同规定性,而这一共同规定性不是别的,正是人的理智。①

① 从西格尔的这两篇论文的具体内容看,他似乎在一定程度上吸收了托马斯的一些观点。

托马斯和西格尔之间进行的这场争论明显地具有共相之争的学术性质。众所周知,共相之争是中世纪影响甚为深广的学术之争。共相问题最初是由3世纪的新柏拉图主义者波菲利(Porphyre,约232—305)在《亚里士多德〈范畴篇〉导论》中提出来的。共相问题的实质在于:共相(即“种相”和“属相”)“是否独立存在,抑或仅仅存在于理智之中?”[①]波菲利提出的这个问题在很长一段时间里没有引起人们的注意。然而,至11世纪末,它却忽然成了逻辑学或哲学的一个重大的热点问题。当时的著名学者差不多都卷入了这场争论。当时参与争论的学者分成了两派,这就是实在论和唯名论。实在论(realismus)强调共相即种相和属相的实在性,主张种相和属相不但先于个体事物而存在,而且还是个体事物得以存在的理据和原因。与此相反,唯名论(nominalismus)则强调个体事物的实在性,而根本否认共相即种相和属相的实在性,认为后者只不过是人们为了认知的方便而杜撰出来的“共名”而已。在争论的过程中,无论是唯名论还是实在论都发生了分化。就实在论而言,即出现了极端实在论和温和实在论。极端实在论主张共相乃一种独立的普遍实体,为属于该共相的所有个体事物所分有。温和的实在论则提出一种哲学史上称作“概念论”的观点。温和的实在论,即概念论,断言:共相既非仅仅是一个“名词”或“语音”,亦非一种独立实体,而是具有三种存在形式:存在于有形事物之先的共相,存在于有形事物之中的共相,以及存在于有形事物之

① 参阅北京大学哲学系外国哲学史教研室编译:《西方哲学原著选读》上卷,北京:商务印书馆,1981年,第227页。

后的共相。阿维洛伊和1270年前的西格尔强调理智(可能理智)的独一性和实在性,把理智说成是外在于人的灵魂的独立实体。他们所持的显然是一种极端实在论的立场。托马斯在《论独一理智》中反对他们的"独一理智论",强调"理智是灵魂的一种能力,而灵魂则是身体的形式或现实"。[①] 他在这里所持的显然是一种温和实在论或概念论的立场。因此,托马斯与阿维洛伊和西格尔在理智问题上的这场争论显然具有唯名论与实在论之争的性质,更确切地说,具有温和实在论与极端实在论之争的性质。就托马斯强调个人灵魂的实在性和不朽性及其强调理智只是灵魂的一种能力而言,托马斯与阿维洛伊和西格尔之争具有唯名论与实在论之争的性质。就托马斯强调理智抽象与感觉抽象的区别看,托马斯与阿维洛伊和西格尔之争则明显地具有温和实在论与极端实在论之争的性质。

在讨论托马斯与阿维洛伊和西格尔之争的学术性质时,我们不能不谈到其中呈现的一个非常吊诡的现象。我们知道,阿维洛伊将亚里士多德的学说视为"最高真理",他本人也常常以亚里士多德学说的卫士自居,阿维洛伊主义因此也常常被视为亚里士多德主义的代名词或同义词,然而,阿维洛伊和1270年前的西格尔的独一理智论的极端实在论立场,难免使人想起奥古斯丁的"光照说"和柏拉图的"理念论",从而使得我们不能不由此得出下述结论。这就是:托马斯与阿维洛伊和1270年之前的西格尔在独一理智论领域的争论也明显地具有亚里士多德主义与柏拉图主义之争的性质。事实上,在《神学大全》第一集里,托马斯在批判独一理智

① 托马斯·阿奎那:《论独一理智——驳阿维洛伊主义者》,第1章,第12节。

论时,就曾明确地站在亚里士多德的立场上批判过柏拉图的理智观。在托马斯看来,无论是柏拉图还是亚里士多德,都强调理智的单一性或独一性。所不同的只是:在柏拉图那里,独立的理智就像天上的太阳照耀着人类的理解活动;在亚里士多德那里,能动理智却像一束束光线一样照耀着每个人的理解活动。这样,在柏拉图那里,作为太阳的独立理智对于进行理解活动的整个人类来说,只有一个。而在亚里士多德那里,虽然照耀着每个人理解活动的作为光线的能动理智对于进行理解活动的每个人来说也只有一束,但对于进行理解活动的整个人类来说则有无限多束。而且,所有这些光线也都是因人而异的。阿维洛伊主义者常常用"所有的人在第一理智概念(primis conceptionibus intellectus)方面"的"一致"来论证"所有的人在一个能动理智方面"的"一致"。托马斯驳斥说:"所有属于一个种相的事物都共同享有伴随着该种相的本性的活动,从而也分享作为这种活动的原则的能力,但是却不是以那种能力在所有的事物中都是同一个的方式分享的。然而,认识第一可理解的原则是一种属于整个人类的活动。所以,所有的人都必定共同分享那种作为这种活动的原则的能力,而这种能力便正是能动理智。但是,它却没有必要在所有的人身上都是同一个。尽管,对于所有的人来说,它必定是起源于同一项原则。因此,所有的人公共具有第一原则虽然证实了柏拉图比作太阳的独立理智的单一性(unitatem intellectus separate,quem Plato comparat soli),但是,却没有证实亚里士多德比作光的能动理智的单一性(unitatem intellectus agentis,quem Aristoteles comparat lumini)。"①

① Thomae de Aquino,*Summa Theologiae*, Ia,Q. 79,a. 5.

然而，当我们强调托马斯与阿维洛伊和西格尔之争具有温和实在论与极端实在论（在更宽泛的意义上是唯名论与实在论之争）以及亚里士多德主义与柏拉图主义之争的性质时，这在任何意义上都不是在贬低实在论和极端实在论在西方思想史上的历史贡献。但有一点却是不容否认的。这就是：温和实在论和亚里士多德主义比极端实在论和柏拉图主义更适合中世纪基督宗教教会，更适合基督宗教教义的理论化和系统化。也许正是由于这一点，托马斯尽管在13世纪70年代的大谴责中也曾一度受到株连，但此后不久，他之作为基督宗教思想家的地位却一直稳步上升。1323年，他被教皇约翰二十二世追谥为圣徒。在罗马教廷于1545—1563年期间召开的特伦特大公会议（The Council of Trent）期间，“神父们竟一致同意，将托马斯的《神学大全》，与《圣经》和至上教皇的教令一起，摆放在祭坛上，昭示它们乃人们寻求智慧、理性、灵感和各种答案的源泉”。[①] 1567年，教皇庇护五世又将其册封为“教会圣师”，成为与安布罗斯、哲罗姆、奥古斯丁和格列高利并列的最伟大的拉丁神学家之一。阿奎那的思想虽然在宗教改革时期较为沉寂，但在1879年教皇利奥十三世发出《永恒之父通谕》，号召重建托马斯主义之后，[②] 他的思想再次获得了较高的地位。

然而，我们对托马斯的历史地位和历史影响的这样一种评价

---

① 利奥十三世：《永恒之父通谕》（1879年8月4日）。在《通谕》中，教皇利奥十三世由衷地感叹道：这是“托马斯首要的和真正独享的荣誉，任何一个天主教博士都不能分享的荣誉”。

② 利奥十三世在《永恒之父通谕》里，称赞托马斯是“所有经院博士的大师和帝王”，他“高高矗立”在所有经院博士之上。他还称赞托马斯是位“天下无双的人物”。

也并非是无懈可击的。因为我们的这样一种评价毕竟在很大程度上是以基督宗教教会的态度和立场为参照系的。倘若我们超出基督宗教教会的态度和立场而从纯粹学术的态度和立场来考察问题,则事情或许该另当别论了。因为我们倘若进一步从纯粹学术的态度和立场来审视托马斯在理智学说方面的是非得失,我们就会发现托马斯的观点也并非是最后一言而只不过是一家之言。在理智问题上,如果说阿维洛伊和西格尔着眼的是人类理解活动的普遍性或共同性的话,托马斯着眼的则是人类理解活动的个体性或特殊性。从而如果说托马斯的理智学说在解说"这个人在理解"方面有所成就的话,则很难说他在解说人类理解活动的普遍性或共同性方面没有缺失。这是不难理解的。且不要说解决人类理解活动的普遍性或共同性这一认识论问题对于中世纪的托马斯是一个难题,即使到了今天恐怕还依然是一个无解的难题。人类理解活动的普遍性或共同性,用阿维洛伊和西格尔的话说,是人类拥有共同知识的可能性问题,用托马斯的话说,则是"所有的人公共具有第一原则"的问题,[①]可以说是一个长期以来一直困扰着人类理智的问题。现代的哲学家,从实证主义者(孔德、穆勒和斯宾塞)到归纳主义者(卡尔纳普)、证伪主义者(波普和拉卡托斯)再到历史主义者(库恩等),无一不为这一难题费神。然而,有谁能够说他已经成功解决了这一难题呢?由此看来,托马斯的伟大与其说是他解决了这一难题,毋宁说是他同阿维洛伊和西格尔一起卓有成效地提出了这一难题。从这个意义上,我们完全有理由将阿维洛伊

---

① Thomae de Aquino, *Summa Theologiae*, Ia, Q. 79, a. 5.

和西格尔与托马斯相提并论，将他们视为认识论领域的三位哲学英雄。在《神曲》中，作为“中世纪的最后一位诗人”的但丁(1265—1321)将西格尔和托马斯一起置放进天国的第四层天，即“日天”之中，实在是耐人寻味的。尽管但丁在日天中第一个见到的是托马斯，最后一个见到的是西格尔。但无论如何，西格尔和托马斯一样都是作为“智慧的灵魂”出现在天国之中的。而且，诗人不仅用“永恒的光辉”来描述西格尔，而且还为西格尔的不幸遭遇打抱不平，说他是“因推论真理而引起嫉妒”。[①] 美国存在主义哲学家威廉·巴雷特在其名著《非理性的人》中曾尖锐地提出了“人是什么?”或“我是谁?”这个问题。按照他的理解，人既非一个片面的理性的人，也非一个片面的非理性的人，而是一个整合了理性与非理性的人。尽管巴雷特是藉埃斯库罗斯的《俄瑞斯忒斯》中的神话故事宣布人的这一真正秘密的，但他的这个结论却是值得深思的。就托马斯与阿维洛伊和西格尔所讨论的人的理智和人的理解活动而言，这个问题的真理可能既不全在阿维洛伊和西格尔一边，也不全在托马斯一边。他们双方可能都拥有某种片面的真理。就此而言，他们之间是难分伯仲的，一如在《俄瑞斯忒斯》所言说的那个神话故事中，杀害其丈夫阿伽门农的克吕泰涅斯特拉和阿伽门农的儿子俄瑞斯忒斯以及支持俄瑞斯忒斯的阿波罗神和支持克吕泰涅斯特拉的复仇女神双方争斗的结果最终也是一个平局——“公民审判团的投票结果是双方平分秋色”。[②] 其间的统一性正在于人

① 参阅但丁:《神曲》，王维克译，伊宁:伊犁人民出版社，2001年，第446页。

② 威廉·巴雷特:《非理性的人》，段德智译，陈修斋校，上海:上海译文出版社，2007年，第299页。

从一个层面看人是理性与非理性的合体,而从另一个层面看,人则是个体与类的合体。

然而,我们谈论托马斯理智学说的片面性和有限性,丝毫并不意味着我们因此而否认他的理智学说的真理性和不朽性。托马斯《论独一理智》的不朽性不仅在于他在这部哲学小品中鲜明地提出了认知主体的个体性问题,亦即他所谓"这个人在理解"的问题,而且还在于他在这部哲学小品中较为系统地阐述了作为认知主体的个人何以从外感觉进展到内感觉,何以从认知对象(有形事物)的"可感形式"上升到"可理解的形式"的认知路径问题,从而一方面将我们的认识活动一方面解说成一个从感觉到理智、从可感形式到可理解的形式、从被动理智(潜在理智)到能动理智(现实理智)的质变或飞跃的过程,另一方面又将其解说成一个从感觉到理智、从可感性形式到可理解的形式、从被动理智(潜在理智)到能动理智(现实理智)的具有连续性和渐进性的过程。他对认知主体个体性的强调以及他对我们认知活动路径的这样一种刻画无论何时都是我们反思认知主体及认知路径时不能回避的,都是我们应当予以认真借鉴的。尤其重要的是:托马斯的《论独一理智》超越阿维洛伊主义、从而赢得某种不朽价值的地方还在于他在这部哲学小品中,在其与阿维洛伊和西格尔的论争中表达出了一种强烈的人文情怀。他之所以毕生都致力于批评阿维洛伊的独一理智论,乃是因为在托马斯看来,阿维洛伊的独一理智论过分地强调了人的"类"概念,从而完全抹杀了人及其灵魂和认识活动的"实存性"、"个体性"和"不朽性"。他之所以要比阿维洛伊和西格尔更为彻底地坚持亚里士多德主义,也是因为托马斯在亚里士多德的著作里

发现了"理解人的本性和命运"的"价值"。[1] 就此而言,托马斯不仅是一位基督宗教神学家,也不仅是一位基督宗教哲学家,而且也是一位有人文情怀的人学家。他不仅是中世纪神学和哲学的卓越的代表人物,而且也是中世纪鲜有的具有人文情怀的思想家中最为杰出的一个,不仅西方人学史上当有其一席之位,而且即使在当今时代的人学讨论中,托马斯对人的个体性、实存性和不朽性的强调也依然是一个值得倾听的声音!

托马斯的《论独一理智》并不只是历史,它所内蕴的不朽的内容至今依然是人类宝贵的精神财富。我们之所以在 21 世纪将托马斯 13 世纪写作的这部哲学小品翻译出来,正是为了呼唤托马斯参与我们的哲学生活和哲学讨论,为我们时代的哲学建设继续奉献他的智慧!

---

① Ralph McInerny, *Aquinas Against the Averroists: on There Being only one Intellect*, West Lafayette: Purdue University Press, 1993, p. 1.

索　引

（本索引所标页码为普渡大学出版社 1993 年版页码，参见中文本边码）

译　后　记

1.《论独一理智——驳阿维洛伊主义者》是托马斯晚年最重要的哲学小品之一。在这部哲学小品中,托马斯以他的“理智能力论”(即断言理智乃作为人的身体的形式的人的灵魂的一种能力)和他的“可能理智复多论”(即断言每个人都有一个属于他自己的可能理智)批驳阿维洛伊主义者的“理智实体论”(即断言理智乃存在于人的身体和灵魂之外的独立实体)和“理智(可能理智)独一论”(即断言“所有的人只有一个可能理智”)。托马斯在这里阐述的理智学说不仅是他的基于感觉经验的认识论思想的一种运用,而且也是他的认识论思想的一个重大发展,在西方认识论史上享有崇高的地位,其价值堪与他的早期著作《论真理》相媲美。托马斯在这部哲学小品中,不仅将他的理智学说系统化,而且也进一步阐释和发挥了他的人的个体性和全整性思想。从这个意义上,我们也不妨将其视为一部人学著作。但丁在《神曲》中将其置放进天堂的第四层,即“日天”之中,将其定性为“智慧的灵魂”,是颇中肯綮的。

2.托马斯的这部哲学小品不仅具有认识论价值和人学价值,而且也具有显而易见的哲学史意义:不仅对于深入了解西方中世纪认识论史至为重要,而且对于深入了解整个西方古代认识论史也至为重要。说它对于西方中世纪认识论史至为重要,乃是因为理智(可能理智)究竟是一个还是多个,究竟是人的灵魂的一种能力还是一种独立于人的身体和人的灵魂的一种实体,在西方中世纪既是一个关乎捍卫基督宗教信仰和基督宗教神学的原则问题,也是一个关乎捍卫基督宗教哲学即经院哲学的原则问题。无论是基督宗教教会还是波那文都主义者和托马斯主义者之所以全都卷入这场哲学论争,其深层原因即在于此。在这个意义上,我们可以说,倘若不了解托马斯的这部哲学小品,不了解托马斯藉这部哲学小品参与的这场哲学争论,我们便很难对西方认识论史有一种透彻的了解。托马斯在这部哲学小品中为了更好地批驳阿维洛伊主义者所倡导的“独一理智论”,不仅认真考察了亚里士多德的理智学说,而且还认真考察了其他逍遥派(包括希腊逍遥派和阿拉伯逍遥派)的理智学说。从这个意义上,我们不妨将托马斯的这部哲学小品视为西方古代认识论简史,尤其是将其视为西方古代理智学说简史。

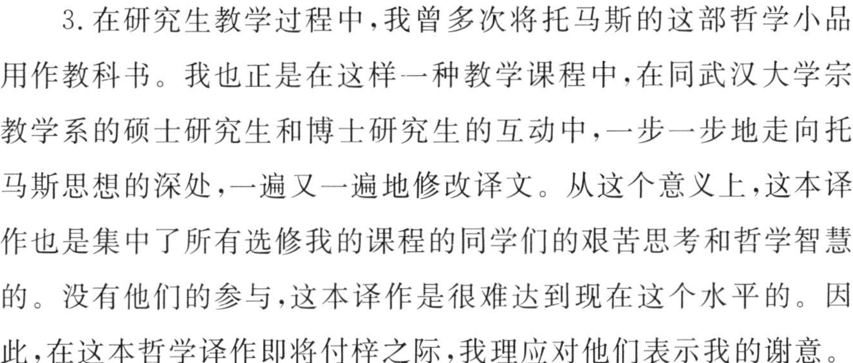

3.在研究生教学过程中,我曾多次将托马斯的这部哲学小品用作教科书。我也正是在这样一种教学课程中,在同武汉大学宗教学系的硕士研究生和博士研究生的互动中,一步一步地走向托马斯思想的深处,一遍又一遍地修改译文。从这个意义上,这本译作也是集中了所有选修我的课程的同学们的艰苦思考和哲学智慧的。没有他们的参与,这本译作是很难达到现在这个水平的。因此,在这本哲学译作即将付梓之际,我理应对他们表示我的谢意。

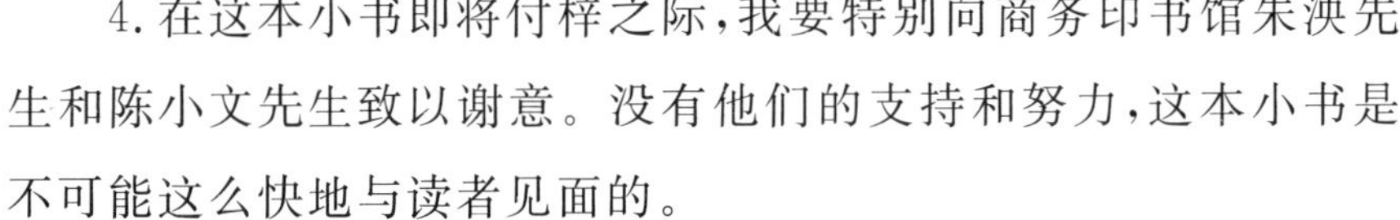

4.在这本小书即将付梓之际,我要特别向商务印书馆朱泱先生和陈小文先生致以谢意。没有他们的支持和努力,这本小书是不可能这么快地与读者见面的。

我还要感谢我的女儿段淑云。在一个意义上，她可以说是我的这本译稿的第一个读者。她的认真阅读使我的这本译作避免了一些错字和别字。

5. 罗素在他的名著《西方哲学史》里，在谈到托马斯的历史影响和历史地位时，曾经不无公正地指出："圣托马斯不仅有历史上的重要性，而且还具有当前的影响，正像柏拉图、亚里士多德、康德、黑格尔一样，事实上，还超过后两人。"[①]对于这样一位西方大哲要真正走进他的思想深处，要本真地把握和表述他的思想，并非一件易事。这里不仅有时空间距问题，还有一个学养和学力问题。在翻译和评价方面出现纰漏，实在是一件在所难免之事。还望读者不吝赐教，以期在未来的版本中予以订正。

段德智

2013 年 5 月 20 日于武昌珞珈山南麓

① 罗素：《西方哲学史》，上卷，何兆武、李约瑟译，北京：商务印书馆，1981 年，第 549 页。

图书在版编目(CIP)数据

论独一理智：驳阿维洛伊主义者/(意)托马斯·阿奎那著;段德智译.—北京:商务印书馆,2017
(汉译世界学术名著丛书:120年纪念版:珍藏本)
ISBN 978-7-100-14886-3

Ⅰ.①论… Ⅱ.①托… ②段… Ⅲ.①托马斯·阿奎那(Thomas,Aquinas,Saint 1225—1274)—哲学思想 Ⅳ.①B503.21

中国版本图书馆CIP数据核字(2017)第160097号

汉译世界学术名著丛书
(120年纪念版·珍藏本)
论 独 一 理 智
——驳阿维洛伊主义者
〔意〕托马斯·阿奎那 著
段德智 译

商 务 印 书 馆 出 版
(北京王府井大街36号 邮政编码100710)
商 务 印 书 馆 发 行
北京市松源印刷有限公司印刷
ISBN 978-7-100-14886-3

2017年12月第1版 开本710×1000 1/16
2017年12月北京第1次印刷 印张9
定价:45.00元